BESTACTIVITYBOOKS.COM

PREMIERE ÉDITION

Dépôt légal, 2022

Illustration Graphique Extra: www.freepik.com
Merci à Alekksall, Starline, Pch.vector, Rawpixel.com,
Vectorpocket, Dgim-studio, Upklyak, Macrovector,
Stockgiu, Pikisuperstar & Freepik.com Designers

Découvrez des Jeux Gratuits en Ligne

Disponible Ici :

BestActivityBooks.com/FREEGAMES

5 ASTUCES POUR DÉMARRER !

1) COMMENT RÉSOUDRE LES MOTS MÊLÉS

Les puzzles sont dans un format classique :

- Les mots sont cachés sans espaces, tirets, ...
- Orientation : Les mots peuvent être écrits en avant, en arrière, vers le haut, vers le bas ou en diagonale (ils peuvent être inversés).
- Les mots peuvent se chevaucher ou se croiser.

2) UN APPRENTISSAGE ACTIF

Un espace est prévu à côté de chaque mots pour noter la traduction. Pour favoriser un apprentissage actif un **DICTIONNAIRE** à la fin de cette édition vous permettra de vérifier et étendre vos connaissances. Cherchez et notez les traductions, trouvez-les dans le Puzzle et ajoutez-les à votre vocabulaire !

3) MARQUEZ LES MOTS

Vous pouvez inventer votre propre système de marquage. Peut-être en utilisez-vous déjà un ? Sinon, vous pourriez, par exemple, marquer les mots qui ont été difficiles à trouver d'une croix, ceux que vous avez aimés d'une étoile, les mots nouveaux d'un triangle, les mots rares d'un diamant, etc...

4) STRUCTUREZ VOTRE APPRENTISSAGE

Cette édition vous offre un **CARNET DE NOTES** très pratique à la fin du livre. En vacances ou en voyage ou à la maison, vous pouvez facilement organiser vos nouvelles connaissances sans avoir besoin d'un second bloc-notes !

5) VOUS AVEZ FINI TOUTES LES GRILLES ?

Allez à la section bonus **CHALLENGE FINAL** pour trouver un jeu gratuit à la fin de cette édition !

Simple et Rapide ! Découvrez notre collection de livres d'activités pour votre prochain moment de détente et **d'apprentissage**, à juste un clic de distance !

Trouvez votre prochain défi sur :

BestActivityBooks.com/MonProchainLivre

À vos marques, prêts... Partez !

Saviez-vous qu'il existe environ 7 000 langues différentes dans le monde ? Les mots sont précieux.

Nous aimons les langues et avons travaillé dur pour créer les livres de la plus haute qualité pour vous. Nos ingrédients ?

Une sélection des thématiques d'apprentissage adaptée, trois belles parts de divertissement, puis nous ajoutons une cuillère de mots difficiles et une pincée de mots rares. Nous les servons avec soin et un maximum de plaisir pour vous permettre de résoudre les meilleurs jeux de mots mêlés qui soient et d'apprendre en vous amusant !

Votre avis est essentiel. Vous pouvez participer activement au succès de ce livre en nous laissant un commentaire. Nous aimerions vraiment savoir ce que vous avez préféré dans cette édition !

Voici un lien rapide qui vous mènera à la page d'évaluation de vos commandes :

BestBooksActivity.com/Avis50

Merci pour votre aide et amusez-vous bien !

De la part de toute l'équipe

1 - Adjectifs #2

```
S  A  L  T  U  R  Y  I  S  L  F  Ö  S  G  D  O
G  F  Y  V  I  O  G  U  Þ  U  R  F  Y  L  R  T
U  H  A  Þ  D  S  B  I  E  I  Æ  L  F  Æ  A  V
Y  P  C  Þ  N  Þ  J  G  C  D  G  U  J  S  M  I
Á  H  U  G  A  V  E  R  T  N  U  G  A  I  A  L
V  T  U  X  S  C  J  S  Þ  A  R  U  Ð  L  T  L
A  N  I  N  Ý  C  R  E  P  P  R  U  E  Í  T
J  R  U  T  L  O  T  S  N  A  Q  E  R  G  S  T
A  F  K  A  S  T  A  M  I  K  I  L  L  U  K  Ý
E  K  T  A  Y  N  F  Á  Q  S  L  Þ  C  R  X  N
Q  O  Q  E  D  I  Q  B  L  H  T  K  O  R  A  H
W  G  H  E  Þ  E  C  Y  D  L  E  E  T  U  I  S
R  F  G  D  G  R  Þ  R  A  N  E  F  R  Þ  X  L
J  Þ  Þ  Z  G  H  Q  G  G  C  W  B  Z  K  B  N
A  T  F  T  G  E  L  U  R  Ú  T  T  Á  N  U  Ð
M  S  R  U  Ð  G  I  R  B  L  I  E  H  P  B  R
```

EKTA	NÝTT
FRÆGUR	AFKASTAMIKILL
SKAPANDI	ÖFLUGUR
LÝSANDI	HREINT
DRAMATÍSK	ÁBYRGUR
GLÆSILEGUR	HEILBRIGÐUR
STOLTUR	SALTUR
STERKUR	VILLT
ÁHUGAVERT	ÞURR
NÁTTÚRULEGT	SYFJAÐUR

2 - Formes

```
G  J  H  M  V  V  T  M  M  B  I  H  X  P  D  W
Z  U  R  S  O  J  Y  W  A  R  Þ  R  W  I  D  L
T  E  N  I  N  G  U  R  R  Ú  P  I  E  U  H  D
Z  K  H  R  I  Ð  E  U  G  N  Ð  N  D  K  X  Ð
S  M  Y  P  O  M  U  G  H  I  H  G  C  N  F  U
T  A  L  T  Q  H  K  N  Y  R  F  E  R  I  L  L
R  L  G  Y  L  B  C  I  R  E  F  K  E  I  L  A
O  O  Í  G  W  U  X  N  N  G  I  C  A  R  C  P
K  B  Ð  N  X  E  R  R  I  Þ  F  E  H  L  I  Ð
K  R  M  F  A  X  R  E  N  X  T  Z  B  Q  O  J
A  E  Ð  S  P  L  X  F  G  S  Y  O  T  Þ  H  W
G  P  I  M  Z  D  Ú  P  Ý  R  A  M  Í  D  A  M
O  Y  T  R  N  S  T  K  S  P  O  R  B  A  U  G
J  H  R  É  T  T  H  Y  R  N  I  N  G  U  R  X
S  P  O  R  Ö  S  K  J  U  L  A  G  A  Q  B  L
D  Þ  R  Í  H  Y  R  N  I  N  G  U  R  Y  T  Þ
```

ARC	SPORBAUG
BRÚNIR	HYPERBOLA
FERNINGUR	LÍNA
HRING	SPORÖSKJULAGA
HORN	MARGHYRNING
FERILL	PRISM
KEILA	PÝRAMÍDA
HLIÐ	RÉTTHYRNINGUR
TENINGUR	KÚLA
STROKKA	ÞRÍHYRNINGUR

3 - Force et Gravité

```
S  Á  P  S  V  A  H  J  S  S  Z  D  B  P  S  F
Z  M  H  A  R  U  G  N  I  T  S  Ý  R  Þ  E  J
T  W  U  R  J  S  B  P  N  U  K  K  Æ  T  S  G  A
Í  L  M  M  I  F  Þ  H  U  G  K  Þ  H  N  U  R
M  D  T  D  N  F  M  O  W  Þ  E  Ð  I  E  L  L
I  K  F  L  E  X  D  I  L  S  Ð  X  C  N  M  Æ
S  P  O  R  B  R  A  U  T  B  L  I  B  K  A  G
K  V  I  K  E  O  A  V  P  E  I  B  R  G  G  Ð
Þ  A  L  H  L  I  Ð  A  A  A  S  Á  L  K  N  G
Y  H  J  W  N  M  N  F  W  Þ  F  M  M  Þ  S  C
N  R  E  C  Ú  W  I  S  U  J  R  Y  A  Ð  H  F
G  A  I  V  N  Z  F  Ð  I  Ð  Æ  R  F  L  É  V
D  Ð  Ð  E  I  Z  M  R  J  T  Ð  V  E  Q  X  Y
E  I  N  Q  N  D  H  H  M  A  I  D  S  H  I  J
Þ  G  Z  Z  G  H  R  E  Y  F  I  N  G  V  R  C
U  P  P  G  Ö  T  V  U  N  E  I  G  N  I  R  T
```

ÁS	VÉLFRÆÐI
MIÐJA	HREYFING
UPPGÖTVUN	SPORBRAUT
FJARLÆGÐ	EÐLISFRÆÐI
KVIK	ÞYNGD
STÆKKUN	ÞRÝSTINGUR
SKRIÐÞUNGA	EIGNIR
NÚNING	TÍMI
ÁHRIF	ALHLIÐA
SEGULMAGN	HRAÐI

4 - Adjectifs #1

```
V V B U I N F C Z E R S F A M D
I I V H V A Ú Þ J Y P A R Ð I O
L C R B P E B T G Æ H K A L K Z
M Þ U K X Q I G Í G H L M A I X
A Q G Y U A O E Þ M P A A Ð L L
N Y N J M R K L Þ R A U N A V I
D S U K Ö Z W R C U M S D N Æ S
I E M P S Ð Y A G T N T I D G T
Þ U N G T O A Ð D Á C N I I T R
A L G E R W I A I L A L U I N Æ
S F A L L E G N D R V W S R Q N
R Y B Ð Y E O T R Ö E L L E Ð N
O Ð Þ O Z M C E U F T I T Y W O
H W A H N N I M O K L L U F J M
H E I Ð A R L E G U R L Z D G Þ
R I Z Y L L G R Í Ð A R S T Ó R
```

ALGER	HEIÐARLEGUR
VIRKUR	SÖMU
METNAÐARLEGT	MIKILVÆGT
ILMANDI	SAKLAUS
LISTRÆNN	UNGUR
AÐLAÐANDI	HÆGT
FALLEG	ÞUNGT
FRAMANDI	ÞUNNUR
GRÍÐARSTÓR	NÚTÍMA
ÖRLÁTUR	FULLKOMINN

5 - Instruments de Musique

```
P  Í  A  N  Ó  L  L  E  S  L  U  S  M  K  L  M
H  A  R  P  A  U  S  A  E  B  F  L  Ó  B  Ó  A
G  O  Z  Q  W  O  Z  Y  S  A  L  A  Ð  H  A  N
M  N  R  N  O  Þ  M  B  Ð  N  A  G  R  I  Þ  D
X  X  R  O  U  J  M  K  F  J  U  V  M  E  F  Ó
K  L  A  R  I  N  E  T  T  Ó  T  E  A  D  C  L
G  N  M  N  T  R  O  M  M  A  U  R  R  H  M  Í
D  I  F  W  Ú  B  U  M  B  U  R  K  I  O  N  N
L  B  H  T  A  S  O  Ð  Þ  V  A  Ð  M  X  W  K
X  K  N  B  J  E  Á  Þ  Z  W  T  A  B  G  V  H
S  A  X  Ó  F  Ó  N  B  A  Z  Í  A  A  T  D  B
I  P  T  T  O  G  A  F  G  V  G  J  V  I  E  H
Y  H  Y  P  M  U  N  N  H  Ö  R  P  U  T  J  Y
J  A  A  H  Y  I  N  O  G  T  R  O  M  P  E  T
D  X  T  Q  S  Ð  H  O  G  X  I  Q  D  Ð  K  W
Þ  T  V  E  M  G  P  C  O  T  Þ  B  V  Q  V  N
```

BANJÓ	MARIMBA
FAGOTT	SLAGVERK
KLARINETT	PÍANÓ
FLAUTU	SAXÓFÓN
GONG	TROMMA
GÍTAR	BUMBUR
MUNNHÖRPU	BÁSÚNA
HARPA	TROMPET
ÓBÓ	FIÐLU
MANDÓLÍN	SELLÓ

6 - Échecs

```
Þ  N  S  N  Z  Á  L  S  S  W  H  U  O  N  C  A
Y  W  T  Ó  M  S  E  G  N  Z  W  Ð  V  V  Y  Ð
Z  K  I  E  Ð  K  I  D  D  J  W  R  T  J  X  G
O  L  G  I  L  O  K  R  K  W  A  L  O  N  E  E
R  W  X  P  Ð  R  M  Ð  G  G  T  L  H  X  P  R
M  Q  Y  X  C  A  A  G  V  V  A  H  L  G  A  Ð
R  E  I  Q  I  N  Ð  Q  O  E  L  J  H  U  I  A
M  H  I  Þ  R  I  U  N  F  E  T  S  N  P  L  L
F  I  M  S  U  R  R  D  W  X  N  W  Ð  J  H  A
K  S  Í  O  T  R  A  V  S  L  E  I  K  U  R  U
E  X  T  W  Í  A  L  U  B  F  M  T  F  Þ  C  S
P  C  S  U  V  R  R  U  L  G  E  R  Ð  A  G  D
P  D  O  K  H  Æ  X  I  A  O  B  L  C  K  T  Þ
N  R  Ó  F  Á  L  D  R  O  T  T  N  I  N  G  K
I  F  G  Q  V  Ð  M  Ó  T  M  Æ  L  A  N  D  I
H  Y  P  L  B  A  K  O  N  U  N  G  U  R  F  R
```

MÓTMÆLANDI	SVART
AÐ LÆRA	AÐGERÐALAUS
HVÍTUR	STIG
MEISTARI	DROTTNING
KEPPNI	REGLUR
ÁSKORANIR	KONUNGUR
SKÁ	FÓRN
SNJALL	STEFNU
LEIKUR	TÍMI
LEIKMAÐUR	MÓT

7 - Herboristerie

```
S  U  L  Q  O  G  F  N  U  P  A  F  I  Z  B  M
N  P  R  I  J  A  R  Þ  N  D  M  O  Ð  K  L  Y
J  W  Ð  U  N  J  Ó  J  D  U  V  S  V  B  Ó  N
G  N  U  E  U  L  S  Ð  I  E  R  T  A  M  M  T
E  F  N  I  H  E  M  M  Ð  I  E  F  Q  F  T  U
I  M  S  Q  V  S  A  Ó  Æ  N  X  D  X  Y  I  J
L  A  P  F  Í  N  R  L  G  G  A  G  N  L  E  G
M  R  F  E  T  I  Í  B  P  C  V  L  I  I  R  T
A  J  D  Z  L  E  N  R  P  F  A  L  R  S  U  K
N  O  O  M  A  T  O  A  V  K  E  D  V  A  Ð  S
D  R  M  S  U  S  G  N  R  E  O  U  V  B  R  Z
I  A  J  A  K  K  A  F  G  F  T  I  M  J  A  N
C  M  X  Q  U  D  R  O  I  R  F  B  R  A  G  Ð
X  U  P  J  R  J  T  L  O  J  Æ  A  X  E  M  Þ
B  F  T  Y  A  T  S  A  J  S  G  N  S  T  Ð  Y
H  Z  D  E  T  L  E  N  N  E  F  U  T  J  T  E
```

HVÍTLAUKUR	LOFNARBLÓM
ILMANDI	MARJORAM
BASIL	MYNTU
GAGNLEG	STEINSELJA
MATREIÐSLU	GÆÐI
ESTRAGON	RÓSMARÍN
FENNEL	SAFFRAN
BLÓM	BRAGÐ
EFNI	TIMJAN
GARÐUR	GRÆNT

8 - Photographie

```
M  Y  N  D  A  V  É  L  K  B  F  S  Þ  G  T  S
L  O  B  D  D  Q  E  Ð  O  W  Z  J  Q  H  Þ  K
R  K  Þ  Q  R  U  K  R  Y  M  Z  Ó  N  W  S  U
U  X  K  Q  A  G  Q  L  V  D  G  N  Y  Q  B  G
E  F  N  I  M  L  S  O  S  R  Ð  R  E  F  Á  G
M  G  G  Z  M  S  Ý  O  Y  S  M  Æ  F  L  V  A
V  I  N  Þ  I  V  B  S  H  J  V  N  T  W  E  R
G  E  H  I  Þ  A  O  L  I  M  L  I  T  U  R  Ú
H  E  S  Z  N  R  U  A  Ð  N  Ó  S  N  I  Ð  T
M  Ý  K  J  A  T  X  U  Y  Z  G  T  F  V  E  S
S  K  I  L  G  R  E  I  N  I  N  G  M  B  J  Ý
S  Ý  N  I  N  G  I  S  Q  L  W  P  O  Æ  N  N
A  N  D  S  T  Æ  Ð  A  M  P  B  Ð  X  N  L  I
L  V  N  I  N  R  O  H  R  A  N  Ó  J  S  Ð  A
V  R  I  V  T  G  H  P  B  Q  S  K  O  Ð  E  N
A  N  D  L  I  T  S  M  Y  N  D  Y  G  E  A  S
```

MÝKJA	SVART
RAMMI	MÓTMÆLA
MYNDAVÉL	MYRKUR
SAMSETNING	SKUGGAR
ANDSTÆÐA	SJÓNARHORNI
LITUR	ANDLITSMYND
SKILGREINING	EFNI
SÝNING	ÁFERÐ
LÝSING	SJÓNRÆN
SNIÐ	ÚTSÝNI

9 - Véhicules

```
V F E L D F L A U G L D K Z U Ð
Ö W E O F Ð Ð A W X H C X M J N
R G W R I K E L F T G I T I T Q
U B L D J S Y F Q O T R M X Ð S
B P Z W G A Ý O V Z D P D A Þ X
Í Y G W L Ó J H Ð I E R U T Á B
L M F L U G V É L Y K Ð Y W H I
L L Í B V V I K X Ó K F F I V T
Þ Y R L A E O S R Þ J S G V F Þ
I J L S V S M Ó T O R H P X I P
L J W S D P S J Ú K R A B Í L L
X H F W O U T Ú R U T Á B F A K
P K E Q F J W S M S O S O Y Y X
Q N G G V D Z Y E W L O Ð A I J
E O Y T W U P E X L J R A M Ð J
S K U T L A D R Á T T A R V É L
```

SJÚKRABÍLL	SKUTLA
FLUGVÉL	DEKK
BÁTUR	FLEKI
RÚTU	VESPU
VÖRUBÍLL	KAFBÁTUR
HJÓLHÝSI	TAXI
FERJA	DRÁTTARVÉL
ELDFLAUG	LEST
ÞYRLA	REIÐHJÓL
MÓTOR	BÍLL

10 - Camping

```
D Y C C R N F O X H P F B S L V
M Ð E H H B V J M W B U K T E E
Ú C O J T D O D A N M J L Ö A I
R Y S P M Z W K T L V K E Ð Á Ð
I Y K K W R Z H W G L A F U T A
G U Ó G B N A P W N G N A V T V
N Ð G Q U H Y Ð S U H Ó A A A W
E B U Þ V B R J Þ T Þ I T T V W
H L R T R O K Þ Ð B S T C N I T
H T D K Ý Q U U N M P V L B T J
D E U U D G B V U J Y O P W A A
Y W C L R U T T A H E R G F X L
Q M M R O Ý N Á T T Ú R A N T D
H E K Y K F D B Ú N A Ð U R I I
Þ W A Þ S Y H W J K J Y R Þ Ð A
R E I P I R Ý T N I V Æ F B O A
```

DÝR
ÆVINTÝRI
ÁTTAVITA
KLEFA
KANÓ
KORT
HATTUR
VEIÐA
REIPI
BÚNAÐUR

ELDUR
SKÓGUR
HENGIRÚM
SKORDÝR
STÖÐUVATN
LUKT
TUNGL
FJALL
NÁTTÚRAN
TJALD

11 - Géométrie

```
M O Z L D P A R Q R Ú K P Ð I T
Y I Ð K F T B W Ð A T Y Þ Q M B
F T Ð C R U G N I N R Y H Í R Þ
I U S G B M R R O F E H R I N G
R L A Þ I L Þ O Þ A I M E S S I
B H M V Þ L H H U J K V D I F T
O Ð H E O A D Æ I P N Í Y C Y X
R X V R Þ F T I Ð D I D A U Y J
Ð T E M J T Ð Y Æ R N D W H E G
V A R Á W U G E R Y G X I V V L
N G F L Z L X E F F E R I L L G
Q N U Y Q H B N K L Ó Ð R É T T
K E N N I N G K Ö L L H T S G J
S A M H L I Ð A R N Ú M E R X D
N Y Y U Ð S N M H A U R R F J H
Ð L V Ð Þ F J K X I O N F Y D B
```

HORN	MIÐGILDI
ÚTREIKNING	NÚMER
HRING	SAMHLIÐA
FERILL	HLUTFALL
ÞVERMÁL	HLUTI
VÍDD	YFIRBORÐ
JAFNA	SAMHVERFU
HÆÐ	KENNING
RÖKFRÆÐI	ÞRÍHYRNINGUR
MESSI	LÓÐRÉTT

12 - Les Médias

```
P  O  W  M  B  Ð  Á  K  B  B  Á  Y  V  I  H  J
P  C  D  H  Z  D  K  N  Ð  Ö  L  B  G  A  D  V
R  Æ  B  Ð  A  T  S  W  E  E  I  I  A  E  M  I
A  U  G  L  Ý  S  I  N  G  T  T  I  Q  I  E  T
V  N  Y  U  B  Ð  Æ  X  S  I  E  Þ  N  N  S
T  E  E  W  F  Z  T  R  P  J  T  N  R  S  N  M
Ú  O  V  K  C  J  B  F  U  Ó  P  U  U  T  T  U
F  Ð  O  O  X  E  B  A  U  N  I  N  E  A  U  N
Ú  T  G  Á  F  A  X  T  K  V  K  G  G  K  N  A
I  K  Y  N  X  M  Þ  S  T  A  S  Ö  R  L  L  L
G  Ð  K  E  D  A  Y  S  W  R  M  M  Ð  I  J  E
Ð  A  N  T  Q  I  W  N  O  P  A  R  V  N  G  G
S  S  I  A  S  M  G  P  D  U  S  Á  X  G  C  U
F  R  O  H  Ð  I  V  F  Y  I  L  J  Z  U  A  M
Q  B  P  T  L  U  T  W  A  X  R  F  Y  R  K  L
E  H  B  N  Þ  R  R  E  B  N  I  P  O  I  E  J
```

VIÐHORF	DAGBLÖÐ
AUGLÝSING	STAÐBÆR
SAMSKIPTI	STAFRÆN
Á NETINU	ÁLIT
ÚTGÁFA	MYNDIR
MENNTUN	OPINBER
FJÁRMÖGNUN	ÚTVARP
EINSTAKLINGUR	NET
IÐNAÐUR	SJÓNVARP
VITSMUNALEGUM	

13 - Diplomatie

```
P P Ð R T E Ð Á R I D N E S U Á
N I E T B J K V E É U L F A M L
Þ B Q F O O I L Á M T T Á S R Y
E C L Á M N R Ó J T S T Þ H Æ K
F I B R L S J G Á T Ö K L H Ð T
S T G U H U J Y A F Z X Ð Æ A U
M A C V Z A E B C R C T N G T N
A M M I K L U Þ Y A A U I Q W I
N O U F M O F H W T X R W O G M
N L D A É R Í K I S S T J Ó R N
R P N J W L H W F M Ö R Y G G I
Æ I E G S D A C C A F S G X L S
Ð D L Ð U G H G Y S P Z V M E U
I U R Á S I Ð F R Æ Ð I I U S R
N M E R H E I L I N D I W A S Ð
S E N D I H E R R A B Y D N Ð P
```

SENDIRÁÐ   ERLENDUM
SENDIHERRA   RÍKISSTJÓRN
BORGARAR   MANNRÆÐI
SAMFÉLAG   HEILINDI
ÁTÖK   RÉTTLÆTI
RÁÐGJAFI   STJÓRNMÁL
SAMSTARF   ÁLYKTUN
DIPLOMATIC   ÖRYGGI
UMRÆÐA   LAUSN
SIÐFRÆÐI   SÁTTMÁLI

14 - Électricité

```
S U N Í M T U E P F S K V C W E
H Í Z Y V A O O M Q T Z Í N U N
Þ X M U I L X L A F A R O T D
W C O I X A C Þ U L L U G E S N
Z F Þ Ð L B J W A S E H A H U E
G V Z T Z O C R M M R Y L T L T
I F K L W L R I S Y T G S V L T
N C C J R M A K R E T D L I B Æ
N O M X O F F R E G R X G P R V
S Y G T I Z H I K R D M C M X K
T K M A G N L V J R G L K A A Á
U Þ A Þ U S A F Z T U V D L P J
N Ð A B R U Ð A N Ú B H L U T I
G P Ð T E H A R A F M A G N S E
A V H W P L S J Ó N V A R P F O
Ð W Ð F O G P G Þ X E P M Y E E
```

SEGULL	LEYSIR
PERU	MÍNUS
RAFHLAÐA	HLUTI
KABEL	JÁKVÆTT
RAFVIRKI	INNSTUNGA
RAFMAGNS	MAGN
BÚNAÐUR	NET
VÍR	GEYMSLA
RAFALL	SÍMI
LAMPI	SJÓNVARP

15 - Astronomie

```
S  J  R  R  Z  J  S  S  C  J  P  G  H  F  I  R
K  J  G  B  T  Ö  O  M  L  O  J  J  L  D  R  E
S  A  U  E  U  R  E  Á  O  E  S  J  E  N  U  I
H  Ó  A  G  N  Ð  H  S  F  Q  Þ  M  C  U  M  K
A  I  L  E  G  I  X  T  T  U  L  W  O  L  I  I
E  V  F  I  L  M  I  I  S  I  I  T  Ð  S  E  S
Q  F  D  M  Þ  W  A  R  T  N  N  I  M  I  H  T
N  C  L  F  I  O  Ð  N  E  O  G  V  T  E  L  J
C  P  E  A  N  Q  K  I  I  X  X  Þ  G  G  A  A
R  L  X  R  J  I  E  K  N  U  J  U  Ð  A  D  R
O  C  T  I  S  V  Ð  V  A  H  F  Ð  I  L  Ð  N
G  F  Y  B  I  K  U  A  N  Ó  J  S  I  A  X  A
W  O  O  G  E  R  V  I  T  U  N  G  L  X  H  N
F  S  Z  P  D  Y  F  E  E  I  L  Y  U  Y  S  F
X  I  K  R  E  M  U  N  R  Ö  J  T  S  Þ  U  F
O  B  S  E  R  V  A  T  O  R  Y  Þ  J  G  F  A
```

SMÁSTIRNI	LOFTSTEIN
GEIMFARI	ÞOKKA
HIMINN	OBSERVATORY
STJÖRNUMERKI	REIKISTJARNA
COSMOS	GEISLUN
MYRKVI	GERVITUNGL
EQUINOX	SÓL
ELDFLAUG	JÖRÐ
GALAXY	SJÓNAUKI
TUNGL	ALHEIMUR

16 - Physique

```
Þ  L  C  I  Ð  Æ  R  F  L  É  V  R  C  M  B  W
H  É  Þ  Ð  A  Ð  W  E  Q  X  S  A  G  N  D  A
D  V  T  Æ  S  J  R  Y  T  G  G  F  K  S  S  L
Ð  J  V  T  F  Y  O  K  U  V  I  E  J  K  B  Ú
P  N  Z  S  L  V  Ð  A  D  E  G  I  S  S  E  M
R  L  J  F  F  E  A  S  M  S  A  N  G  Ö  X  R
R  B  E  A  A  Ð  I  L  H  L  A  D  Þ  Q  A  O
F  T  Þ  F  R  P  N  K  O  S  A  T  Ó  M  P  F
C  O  W  A  A  P  Ð  O  I  Ð  A  R  H  R  U  T
J  R  O  W  D  M  Í  Þ  V  G  A  M  R  X  O  Q
H  Ð  C  H  G  X  T  M  S  B  Ð  U  E  B  L  X
J  R  Þ  Ð  N  G  A  M  L  U  G  E  S  I  N  F
F  J  Ö  J  Y  K  J  A  R  N  O  R  K  U  N  Q
L  J  Q  Ð  Þ  Z  Q  E  F  N  I  W  T  T  M  D
Y  Z  C  W  U  L  I  C  C  H  Y  X  Q  U  E  A
R  N  V  Þ  M  N  U  H  U  Y  V  B  F  S  X  D
```

HRÖÐUN	SEGULMAGN
ATÓM	MESSI
ROÐA	VÉLFRÆÐI
EFNI	SAMEIND
ÞÉTTLEIKI	VÉL
RAFEIND	KJARNORKU
FORMÚLA	ÖGN
TÍÐNI	AFSTÆÐI
GAS	ALHLIÐA
ÞYNGDARAFL	HRAÐI

17 - Types de Cheveux

```
G  S  C  G  A  K  B  K  L  Q  Þ  U  R  R  F  P
S  L  S  W  X  Q  R  R  K  F  Z  A  U  Á  Ð  V
D  W  A  V  D  O  Ú  U  A  G  I  G  N  S  R  Y
H  C  Y  N  C  A  N  L  U  G  Ð  F  N  K  U  G
N  V  L  T  S  I  T  L  V  Y  D  W  U  Ö  K  Q
S  L  Í  B  S  A  G  A  V  W  N  L  Þ  L  Ú  V
L  X  R  T  L  O  N  W  C  K  K  J  U  L  J  C
I  G  Ð  G  U  M  A  D  E  N  Þ  Ó  X  Ó  M  M
S  T  U  T  T  R  L  Q  I  D  V  S  X  T  H  I
S  I  L  F  U  R  L  B  R  R  X  H  F  T  Þ  A
H  E  I  L  B  R  I  G  Ð  U  R  Æ  R  U  P  N
N  M  H  R  O  K  K  I  Ð  T  G  R  A  R  W  C
Z  Y  Q  M  J  W  M  N  A  T  C  Ð  T  E  U  Y
S  V  A  R  T  H  R  F  T  É  H  U  Q  M  E  I
Þ  Y  K  K  U  R  B  J  I  L  E  R  J  N  C  T
N  B  T  M  U  T  T  É  L  F  L  D  I  S  D  W
```

SILFUR	HROKKIÐ
HVÍTUR	GRÁR
LJÓSHÆRÐUR	LANGT
KRULLA	BRÚNT
GLANSANDI	ÞUNNUR
SKÖLLÓTTUR	SVART
LITAÐ	HEILBRIGÐUR
STUTT	ÞURR
MJÚKUR	FLÉTTUR
ÞYKKUR	FLÉTTUM

18 - Archéologie

```
F  P  Ð  L  Q  Z  O  E  P  U  H  N  H  H  K  F
B  E  I  N  C  A  D  X  H  E  K  H  L  Y  T  O
Á  R  L  Þ  S  T  H  Þ  L  A  A  B  U  B  M  R
Ð  R  P  J  Þ  Á  G  R  Ö  F  G  P  T  A  M  N
W  Ð  A  O  Q  G  S  K  G  N  I  N  I  E  R  G
S  X  G  P  X  Ð  L  Z  X  Q  S  U  O  D  Y  A
I  X  M  A  F  Á  H  I  T  Í  M  U  M  C  T  F
P  S  É  R  F  R  Æ  Ð  I  N  G  U  R  T  K  K
F  R  S  I  Ð  M  E  N  N  I  N  G  C  U  T  O
O  K  Ó  R  A  N  N  S  Ó  K  N  I  R  A  H  M
R  M  N  F  J  E  Q  Q  W  Y  D  J  B  L  M  A
N  J  I  U  E  L  P  M  E  T  K  K  E  Þ  Ó  N
Ö  W  K  N  K  S  C  H  Q  S  J  R  R  U  U  D
L  E  Y  Z  N  Q  S  G  L  E  Y  M  T  O  P  I
D  U  I  D  G  I  R  O  F  N  C  O  X  D  U  L
L  Z  Y  N  B  L  E  P  R  M  Q  W  K  Ð  Ð  Ð
```

GREINING	MAT
FORN	ÓÞEKKT
ÁR	RÁÐGÁTA
FORNÖLD	HLUTI
RANNSÓKNIR	BEIN
SIÐMENNING	GLEYMT
AFKOMANDI	PRÓFESSOR
SÉRFRÆÐINGUR	MINNI
TÍMUM	TEMPLE
LIÐ	GRÖF

19 - Mammifères

```
T  I  G  E  R  P  Y  G  Z  U  Ð  J  C  G  P  I
G  G  Y  R  T  X  N  N  Ó  T  K  X  L  J  T  N
J  J  R  L  J  Þ  Y  X  X  R  U  L  A  V  H  V
W  W  K  G  J  Y  B  Þ  A  N  I  A  F  H  G  Q
J  L  R  U  F  L  Ú  U  T  T  É  L  S  M  K  T
N  E  U  B  S  Í  K  I  N  D  K  I  L  V  O  V
S  E  F  W  Þ  F  G  B  I  Ð  Q  Ö  I  A  U  Z
L  R  L  O  W  I  X  Í  Y  T  X  G  T  Y  V  T
J  P  Ú  U  X  Y  T  F  R  U  F  E  R  T  S  J
O  Þ  J  Z  T  Y  C  E  Ð  A  V  N  Q  K  U  A
H  Y  K  M  H  P  U  S  N  N  F  J  D  A  H  R
S  K  H  Ö  F  R  U  N  G  U  R  F  Þ  N  E  Ú
H  U  N  D  U  R  V  R  K  J  P  P  I  Í  S  G
H  N  A  R  B  E  Z  Ö  Þ  Þ  E  G  W  N  T  N
X  Ð  P  L  J  Ó  N  J  P  L  A  G  X  A  U  E
A  X  I  K  L  S  T  B  S  V  V  I  G  A  R  K
```

HVALUR	KANÍNA
KÖTTUR	LJÓN
HESTUR	ÚLFUR
HUNDUR	KIND
SLÉTTUÚLFUR	BJÖRN
HÖFRUNGUR	REFUR
FÍL	API
GÍRAFFI	NAUT
GÓRILLA	TIGER
KENGÚRA	ZEBRA

20 - Chocolat

```
R  N  B  G  X  O  M  U  J  K  U  B  S  Z  B  H
U  N  W  R  T  V  F  C  E  T  A  J  M  K  R  I
F  U  I  D  N  A  M  A  R  F  L  K  N  N  A  T
S  D  L  A  H  Á  P  P  U  U  N  M  Ó  N  G  A
Þ  V  M  U  T  E  N  H  I  D  T  M  D  V  Ð  E
I  O  U  R  Þ  A  K  A  T  K  T  I  O  L  K  I
D  V  R  U  G  N  E  F  F  Ú  J  L  B  D  A  N
E  F  N  I  W  Þ  W  H  G  N  A  M  M  I  R  I
D  T  T  X  S  R  D  M  E  Æ  Ð  Y  K  G  A  N
U  N  Z  C  O  U  Q  J  O  S  Ð  L  E  E  M  G
U  Þ  E  P  O  Ð  R  Z  V  X  C  I  Z  U  E  A
U  C  Þ  Z  U  P  P  S  K  R  I  F  T  Q  L  R
A  N  D  O  X  U  N  A  R  E  F  N  I  L  L  R
J  Q  Ð  I  Y  K  K  V  K  R  E  V  D  N  A  H
S  Æ  T  U  R  U  K  Y  S  N  F  P  F  S  K  S
P  K  Ó  K  O  S  H  N  E  T  A  I  U  D  E  V
```

BITUR	SÆTUR
ANDOXUNAREFNI	FRAMANDI
ILMUR	UPPÁHALDS
HANDVERK	BRAGÐ
NAMMI	EFNI
HNETUM	KÓKOSHNETA
KAKÓ	DUFT
HITAEININGAR	GÆÐI
KARAMELLA	UPPSKRIFT
LJÚFFENGUR	SYKUR

21 - Mathématiques

```
B  F  U  F  M  G  A  O  S  M  O  V  U  O  J  Z
I  A  U  F  A  T  S  A  K  U  A  E  I  Ð  S  H
N  Þ  M  A  R  G  O  L  A  Ð  Í  L  Á  J  H  O
D  B  Þ  N  G  A  Þ  N  I  Þ  H  D  Þ  R  M  R
I  Q  V  F  H  R  Ð  E  N  R  M  I  V  Ú  B  N
S  M  B  A  Y  Ð  Ð  A  M  M  U  S  E  M  M  W
Z  J  M  J  R  M  K  N  J  Z  B  V  R  F  U  A
T  O  R  B  N  N  Q  L  Q  S  U  Í  M  R  X  C
S  Ö  D  Y  I  E  P  A  U  N  Y  S  Á  Æ  L  N
A  P  L  S  N  T  D  H  B  B  W  I  L  Ð  P  E
M  A  Á  U  G  T  W  Ð  S  V  V  R  T  I  C  C
H  V  M  B  R  W  M  F  E  R  N  I  N  G  U  R
L  X  M  Þ  R  Í  H  Y  R  N  I  N  G  U  R  O
I  Y  U  R  É  T  T  H  Y  R  N  I  N  G  U  R
Ð  S  A  M  H  V  E  R  F  U  Ð  W  Þ  J  L  F
A  O  R  A  D  Í  U  S  I  K  R  Þ  S  Þ  K  L
```

HORN	SAMHLIÐA
TÖLUR	HJÁLÍÐALOGRAM
FERNINGUR	JAÐAR
UMMÁL	MARGHYRNING
AUKASTAF	RADÍUS
ÞVERMÁL	RÉTTHYRNINGUR
VELDISVÍSIR	SUMMA
JAFNA	SAMHVERFU
BROT	ÞRÍHYRNINGUR
RÚMFRÆÐI	BINDI

22 - Sport

```
M  T  P  P  Þ  G  F  H  A  W  Z  V  E  F  J  Í
O  A  Ð  H  R  S  O  Á  V  Q  H  F  D  E  M  Þ
C  S  T  M  E  Z  R  M  Q  A  J  L  O  B  S  R
Ð  N  I  A  K  Q  R  A  T  O  A  U  H  E  T  Ó
U  A  P  K  R  L  I  R  T  S  R  Z  E  I  Y  T
B  D  D  G  M  Æ  T  K  K  G  T  Z  M  N  R  T
N  Æ  R  I  N  G  Ð  A  G  L  A  Ð  M  A  K  A
G  V  Ö  Ð  V  A  Ð  I  M  K  R  A  M  E  U  M
P  E  U  Z  H  N  Þ  Ð  Þ  V  S  V  F  V  R  A
X  A  T  O  L  H  E  I  L  S  A  K  N  J  X  Ð
H  L  Y  U  Í  G  E  Q  M  J  L  A  O  P  E  U
I  T  P  I  K  S  A  N  F  E  Ó  P  L  K  J  R
R  A  V  L  A  L  O  E  J  R  J  V  H  G  K  Þ
K  P  F  G  M  H  Ð  D  Z  O  H  Þ  N  Ð  R  V
Q  D  G  H  I  R  A  F  L  Á  J  Þ  E  L  H  W
Í  Þ  R  Ó  T  T  I  R  G  A  Ð  U  D  L  N  D
```

ÍÞRÓTTAMAÐUR	SKOKK
GETU	HÁMARKA
HJARTA	EFNASKIPTI
LÍKAMI	VÖÐVA
HJÓLA	NÆRING
DANSA	MARKMIÐ
MATARÆÐI	BEIN
ÞREK	FORRIT
ÞJÁLFARI	HEILSA
STYRKUR	ÍÞRÓTTIR

23 - Mythologie

```
M H P N W Þ P B Y V S J Q P J F
P E Ö S X E X O E Ö S G R O R K
G R N R R J P G E L Ð U A D P I
T I J N M X D V J U Þ F X E Y Q
G X I I I U M Þ Þ N U P Ö K S E
K K I K F N N G R D S K E P N A
Þ R U M U R G G U A J T E H T S
S K R Í M S L I Ð R E L D I N G
S H Z T Z N D F A H P Ð V C H V
O T G U X Þ B J M Ú Y T Y P E I
I V Y X Z Z Þ I S S T Q N P G Ð
O D V R Ó D A U Ð L E I K A Ð H
J J X K K N U B Í R K T B I U O
S Q N P A U H A R Q R S Z L N R
D M N J V F R H T M A Þ R E R F
H E F N D Ö M L S M Y C U U D L
```

ARKETYPE
HÖRMUNG
HEGÐUN
SKÖPUN
SKEPNA
VIÐHORF
MENNING
ELDING
STYRKUR

STRÍÐSMAÐUR
HETJA
ÓDAUÐLEIKA
ÖFUND
VÖLUNDARHÚS
SKRÍMSLI
DAUÐLEG
ÞRUMUR
HEFND

24 - Restaurant #2

```
S  J  E  R  K  G  O  I  P  K  D  U  E  I  L  A
Ú  R  U  G  N  E  F  F  Ú  J  L  K  F  U  W  Q
P  A  S  R  G  Á  D  E  D  C  N  P  A  Z  D  J
A  C  V  U  U  I  V  Þ  J  Ó  N  N  Z  I  F  H
S  L  Þ  Ó  T  S  Ö  D  S  M  Þ  N  F  Z  Á
N  K  A  Ð  P  E  A  Y  X  Z  E  R  P  I  U  D
O  Þ  F  Ú  F  M  U  M  E  T  A  L  A  S  Í  E
V  A  T  N  K  N  H  K  D  V  U  M  D  K  I  G
L  Ð  L  S  A  Æ  D  T  D  L  K  R  T  U  D  I
X  K  A  K  K  R  P  T  Y  A  Ö  D  P  R  V  S
H  Y  S  E  A  G  H  S  R  F  C  V  O  E  E  V
Ð  W  X  I  X  K  K  R  K  F  J  P  K  O  G  E
K  U  V  Ð  Ð  H  X  N  U  A  X  L  R  G  T  R
D  R  Y  K  K  U  R  W  U  G  Q  O  P  G  L  Ð
F  Þ  T  V  S  E  Ð  R  E  B  C  V  H  Q  Y  U
H  M  E  V  U  Þ  N  S  O  N  H  U  Q  S  T  R
```

DRYKKUR	KAKA
STÓL	ÍS
SKEIÐ	GRÆNMETI
HÁDEGISVERÐUR	NÚÐLUR
LJÚFFENGUR	EGG
KVÖLDMATUR	FISKUR
VATN	SALAT
KRYDD	SALT
GAFFAL	ÞJÓNN
ÁVÖXTUR	SÚPA

25 - Beauté

```
U  F  E  O  I  S  H  I  E  M  Þ  M  F  S  H  P
A  I  H  A  Q  Z  K  W  C  O  Ð  S  M  G  T  X
R  U  G  E  L  I  S  Æ  L  G  K  K  Q  I  T  M
A  I  T  S  I  L  Í  T  S  N  R  Æ  N  F  É  Þ
K  X  U  F  M  L  T  G  H  E  U  R  U  Í  L  O
S  P  Ð  R  R  R  L  O  S  K  L  I  F  G  S  Q
A  J  P  B  Ó  P  M  A  J  S  L  Ð  Ú  H  L  G
M  G  F  W  Y  N  A  Þ  V  G  A  R  U  T  I  L
J  Z  R  B  Y  I  M  W  J  Þ  H  A  N  Á  Ð  Æ
L  Þ  Y  U  T  G  T  A  D  Ó  V  F  H  Q  P  S
L  J  Ó  S  M  Y  N  D  I  N  N  Y  J  D  I  I
I  I  R  K  P  L  J  Z  J  I  P  U  P  X  R  I
G  S  N  Y  R  T  I  V  Ö  R  U  R  S  E  J  E
E  V  A  R  A  L  I  T  U  R  D  B  Þ  T  X  I
P  S  L  R  Y  Z  M  E  L  G  Þ  M  A  Z  A  K
S  Z  G  Þ  G  W  J  J  S  D  S  G  S  C  E  I
```

KRULLA	FARÐI
HEILLA	MASKARA
SKÆRI	SPEGILL
SNYRTIVÖRUR	ILMUR
LITUR	HÚÐ
GLÆSILEIKI	LJÓSMYNDIN
GLÆSILEGUR	VARALITUR
NÁÐ	ÞJÓNUSTA
OLÍUR	SJAMPÓ
SLÉTT	STÍLISTI

26 - Avions

```
I  R  E  B  Þ  V  K  P  Q  O  U  S  R  S  T  Þ
Y  V  S  B  O  É  Y  T  M  Þ  S  T  U  D  Ð  J
Z  Y  Z  W  V  L  W  Q  L  W  T  J  X  J  Z  G
Æ  V  I  N  T  Ý  R  I  A  H  U  Ó  L  O  F  T
Z  W  N  Z  F  Q  Á  Z  L  Ð  D  R  V  Ð  F  E
U  X  T  K  A  C  H  D  Q  J  F  N  Ð  K  S  Ð
P  E  E  X  R  R  Ö  A  R  Q  G  M  R  Ö  G  U
P  L  V  S  U  R  F  A  U  S  N  Á  R  F  L  D
R  D  U  E  K  V  N  I  Ð  P  I  L  Y  S  V  B
U  S  H  P  Ð  R  N  U  A  R  D  I  K  L  E  L
N  N  I  F  I  B  Ú  N  M  C  N  S  Ó  Þ  X  O
A  E  M  C  J  I  E  F  G  Q  E  M  U  G  I  E
D  Y  I  H  Æ  Ð  X  E  U  B  L  Á  S  A  Ð  K
C  T  N  T  W  Í  U  T  L  R  D  G  Y  G  W  Z
J  I  N  H  T  M  K  S  F  Z  I  L  Y  A  T  Þ
B  L  N  O  E  S  F  A  R  Þ  E  G  I  S  Y  U
```

LOFT
STJÓRNMÁL
LENDING
ÆVINTÝRI
BLÖÐRU
ELDSNEYTI
HIMINN
SMÍÐI
UPPRUNA
STEFNU

ÁHÖFN
BLÁSA
HÆÐ
SKRÚFUR
SAGA
VETNI
VÉL
FARÞEGI
FLUGMAÐUR
ÓKYRRÐ

27 - Aventure

```
F  E  E  O  L  T  L  F  O  A  W  T  X  Þ  Z  E
G  E  L  T  X  R  Í  E  O  G  P  F  A  Z  A  R
T  H  R  D  A  A  K  R  N  K  J  A  S  H  L  U
G  Þ  A  Ð  M  V  U  Ð  C  V  Ð  X  G  M  M  G
M  F  I  G  A  Ó  R  A  N  A  R  Ú  T  T  Á  N
N  Ý  T  T  L  Á  Ð  S  I  N  U  L  M  Y  M  I
O  N  Þ  C  J  E  Æ  T  Ð  D  G  I  N  N  H  N
J  U  T  Þ  C  E  Ð  T  A  I  E  D  B  O  Q  Ú
Z  Z  V  E  Ð  W  E  I  L  J  F  T  N  C  Q  B
Y  Þ  H  N  B  L  A  Ð  F  U  K  Æ  Þ  H  E  R
B  T  U  B  Þ  B  R  Y  B  I  N  K  R  I  V  I
H  U  G  R  E  K  K  I  S  X  T  I  Þ  G  G  D
Z  R  U  Ð  A  T  S  A  G  N  A  F  Á  G  E  N
Ó  V  E  N  J  U  L  E  G  T  Þ  Æ  W  Y  Z  U
S  I  G  L  I  N  G  A  R  G  A  R  V  R  S  E
H  Æ  T  T  U  L  E  G  T  Þ  Y  I  B  Ö  N  S
```

VIRKNI	GLEÐI
FEGURÐ	NÁTTÚRAN
HUGREKKI	SIGLINGAR
LÍKUR	NÝTT
HÆTTULEGT	TÆKIFÆRI
ÁFANGASTAÐUR	UNDIRBÚNINGUR
VANDI	ÖRYGGI
ELDMÓÐ	Á ÓVART
ÓVENJULEGT	FERÐAST
FERÐAÁÆTLUN	

28 - Ville

```
F D Ð B M T V Z B B Q N E V D C
B Ý V L E T Ó H A Ó S N F A S S
C R Z Ó V T Þ O N K K W L Z E N
K A V M K Ð I N K A Ó B U O R Y
J G Z A E V F Q I S L A G T R R
W A J B T V I B S A I K V P M T
F R H Ú Ó Q L K W F D A Ö F A I
K Ð I Ð P T Ó D M N H R L S R S
A U K Ú A V K P W Y J Í L N K T
F R Þ B W B S M Ð B N S U T A O
F C X A O V Á B T W N D R A Ð F
I J A K Q J H I O M I R A U U A
H U X Ó L L Q L N P L R Ð H R O
Ú Þ A B H F D Í R E L L A G Ú B
S Y X Ð N Ð Ú B U R Ö V T A M S
L E I K H Ú S F T L V X B H V V
```

FLUGVÖLLUR	BÓKABÚÐ
BANKI	MARKAÐUR
BÓKASAFN	SAFN
BAKARÍ	APÓTEK
KAFFIHÚS	SNYRTISTOFA
KVIKMYNDAHÚS	VÖLLINN
SKÓLI	MATVÖRUBÚÐ
BLÓMABÚÐ	LEIKHÚS
GALLERÍ	HÁSKÓLI
HÓTEL	DÝRAGARÐUR

29 - Ingénierie

```
F  G  R  D  Í  S  E  L  J  Þ  Y  F  F  I  S  B
D  L  Ð  N  R  Á  X  É  O  V  Q  B  R  D  K  Y
N  R  J  D  K  A  G  V  O  E  E  Ð  U  Y  Ý  G
I  E  B  Ó  S  V  N  E  N  R  O  H  Ð  W  R  G
Y  I  L  I  T  K  W  Z  Q  M  Í  F  D  Z  I  I
L  K  Z  Þ  L  A  P  Q  T  Á  R  G  Ð  L  N  N
H  I  Ð  H  I  J  N  S  H  L  Q  N  H  U  G  G
R  E  O  F  G  Ý  L  D  N  X  F  I  V  E  A  N
U  L  A  F  K  N  C  Ð  I  R  Y  L  E  X  R  R
G  G  Y  X  I  K  D  R  Þ  L  E  Æ  R  V  M  F
N  U  G  I  S  I  U  Ý  A  Z  S  M  G  F  Y  I
I  Ð  C  C  Q  Z  X  Ð  P  S  M  Í  Ð  I  N  M
N  Ö  S  T  Y  R  K  U  R  T  O  K  W  C  D  I
Ú  T  R  E  I  K  N  I  N  G  R  M  Ó  T  O  R
N  S  D  R  E  I  F  I  N  G  K  I  E  V  Z  Y
S  S  B  F  L  G  V  P  U  J  A  N  R  Ð  Z  K
```

HORN	STYRKUR
ÁS	FLJÓTANDI
ÚTREIKNING	VÉL
SMÍÐI	MÆLING
SKÝRINGARMYND	MÓTOR
ÞVERMÁL	DÝPT
DÍSEL	KNÝJA
DREIFING	SNÚNINGUR
GÍR	STÖÐUGLEIKI
ORKA	BYGGING

30 - Énergie

```
Y  R  K  I  J  V  I  V  K  M  Y  D  K  R  D  E
J  A  Ð  O  Y  L  R  H  Y  Ó  E  L  C  A  W  N
X  F  L  M  L  E  S  Í  D  T  H  D  K  F  Ð  D
Ð  H  J  L  L  E  D  W  I  O  Z  R  Y  M  Z  U
T  L  Ó  S  H  A  F  U  J  R  Q  C  Y  A  E  R
Y  A  Ð  I  E  R  Ó  N  U  G  N  E  M  G  L  N
E  Ð  K  X  A  Þ  H  U  I  T  Þ  F  F  N  D  Ý
Y  A  T  I  H  V  A  T  Q  W  P  O  F  S  S  J
L  J  Ó  S  E  I  N  D  I  V  E  T  N  I  N  A
V  D  K  E  V  F  E  N  Ð  A  S  U  Í  J  E  N
I  Ð  D  G  X  R  G  I  N  W  K  H  S  J  Y  L
N  O  V  A  X  E  Ð  E  A  D  Q  M  N  T  T  E
D  K  K  P  A  V  J  F  Ð  I  W  K  E  J  I  G
U  O  O  W  D  H  W  A  U  T  Ú  R  B  Í  N  A
R  Z  Z  D  J  M  K  R  R  Þ  D  E  I  L  P  Q
B  E  Y  X  C  U  K  R  O  N  R  A  J  K  R  Z
```

RAFHLAÐA	VETNI
KOLEFNI	IÐNAÐUR
ELDSNEYTI	MÓTOR
HITA	KJARNORKU
DÍSEL	LJÓSEIND
ÓREIÐA	MENGUN
UMHVERFI	ENDURNÝJANLEG
BENSÍN	SÓL
RAFMAGNS	TÚRBÍNA
RAFEIND	VINDUR

31 - Cuisine

```
F  X  Þ  F  H  X  O  W  K  G  I  T  T  Q  Q  S
D  R  A  N  N  I  P  Ð  X  R  R  B  C  Y  J  E
J  X  Y  V  F  N  F  D  J  G  Y  I  X  P  K  R
C  Ð  Z  S  O  E  O  Ð  T  U  U  D  L  F  E  V
O  S  E  S  T  V  R  M  A  T  U  R  D  L  T  Í
K  Ö  N  N  U  I  K  A  F  X  T  A  L  U  I  E
Z  D  S  Y  L  X  S  A  Í  W  N  Ð  V  O  L  T
Y  J  T  A  W  J  T  W  N  J  U  I  G  F  L  T
J  F  T  K  R  K  Q  Þ  H  O  V  E  S  Þ  A  A
E  Q  U  G  H  T  Ð  Þ  K  V  S  K  V  A  U  L
T  X  I  D  U  T  M  Ð  X  E  U  S  A  W  S  L
W  Þ  O  A  S  D  Þ  H  T  J  I  J  M  A  A  O
Y  Þ  G  V  Q  T  T  F  I  R  K  S  P  P  U  B
Í  S  S  K  Á  P  U  R  R  U  K  K  U  R  K  G
M  I  O  N  F  D  Q  L  S  W  M  Á  R  Þ  Z  P
X  U  Q  B  A  H  U  R  Z  B  O  L  K  I  S  X
```

PINNAR	FORKS
SKÁL	GRILL
KETILL	AUSA
FRYSTI	MATUR
HNÍFA	KRUKKU
KÖNNU	UPPSKRIFT
SKEIÐAR	ÍSSKÁPUR
KRYDD	SERVÍETTA
SVAMPUR	SVUNTU
OFN	BOLLA

32 - Corps Humain

```
A B W P L I L I E H C U L B X C
N B H S L M F V Q Y O G I W W C
D H K C E S Ð V Q K R U N N U M
L W J Ö X L U A G V U A L K K Ö
I I F A B W R R C U G Q N Z F R
T Z M H R Þ N I Ð P N H Z O V X
N M V A Á T I R L W I B L Ó Ð O
E B O B Q L A L H E F V J W Ú L
F Þ P H I B S Q Ö S B E K L H N
B X Ð J G T V X K M W O X K W B
H N C N S V Þ Q U E Z Þ Y B J O
W Q J W Q Z T K J Á L K A Q G G
G M A A T C V M A G I Q X Ð R A
E Þ U U C R H O X L A L Z H O C
S P X W K B N L U E O N Þ L I A
H Ö F U Ð I É C A F C H Ö N D T
```

MUNNUR	VARIR
HEILI	HÖND
ÖKKLA	KJÁLKA
HÁLS	HÖKU
OLNBOGA	NEF
HJARTA	EYRA
FINGUR	HÚÐ
MAGI	BLÓÐ
ÖXL	HÖFUÐ
HNÉ	ANDLIT

33 - Biologie

S	L	S	A	M	B	Ý	L	I	L	N	Þ	Ð	K	L	A
O	T	J	J	X	F	N	B	B	V	F	R	B	O	Í	W
S	Þ	Ö	Ó	B	X	R	Þ	X	O	S	Ó	M	L	F	J
P	Y	J	K	S	G	Q	Æ	W	B	Y	U	H	L	F	Þ
M	W	U	O	K	T	Ð	L	Ð	A	N	N	J	A	Æ	T
M	P	Þ	R	Q	B	I	L	V	I	A	U	C	G	R	B
V	G	B	U	E	E	R	L	N	W	P	Y	Þ	E	A	T
Y	P	Q	Í	J	Z	E	E	L	Ð	S	A	X	N	F	A
A	M	U	R	F	A	P	D	Y	Í	E	J	G	L	R	U
F	D	S	E	M	G	U	A	T	T	F	F	L	O	Æ	G
P	R	Ó	T	Í	N	I	T	Q	I	I	U	N	B	Ð	A
C	Z	M	K	S	I	V	U	S	X	P	N	N	O	I	F
Þ	L	S	A	N	N	H	O	R	M	Ó	N	G	Ð	K	R
P	H	O	B	E	T	S	K	R	I	Ð	D	Ý	R	U	U
T	T	A	T	A	I	S	P	E	N	D	Ý	R	B	Z	M
J	P	T	G	E	L	U	R	Ú	T	T	Á	N	C	S	A

LÍFFÆRAFRÆÐI
BAKTERÍUR
FRUMA
LITNING
KOLLAGEN
FRÆÐI
ENSÍM
ÞRÓUN
HORMÓN
SPENDÝR

STÖKKBREYTING
NÁTTÚRULEGT
TAUG
TAUGAFRUMA
OSMÓSU
LJÓSTILLÍFUN
PRÓTÍN
SKRIÐDÝR
SAMBÝLI
SYNAPSE

34 - Épices

```
L  C  X  X  X  K  J  Ð  P  V  M  F  B  V  T  H
E  S  R  Y  M  G  R  T  A  A  Ú  E  R  N  Q  G
U  Þ  H  U  Q  W  C  I  Þ  N  S  N  A  H  C  N
W  U  A  N  W  W  W  G  O  I  K  N  G  A  Þ  P
L  N  L  N  M  M  J  J  F  L  A  E  Ð  Z  M  W
K  A  K  A  Ð  T  K  P  U  L  T  L  A  S  E  Þ
A  R  U  A  K  A  N  Í  S  U  N  K  P  Q  Y  Q
R  F  F  K  R  Þ  J  Q  Ð  M  J  E  B  A  Z
D  F  P  Þ  U  R  R  U  K  U  A  L  T  Í  V  H
E  A  A  S  G  R  Ý  Í  G  B  U  O  I  H  L  T
M  S  P  N  F  L  D  T  S  I  S  E  Y  T  H  F
O  P  R  E  F  I  G  N  E  T  U  O  R  J  Þ  F
M  I  I  M  V  N  A  H  Y  U  K  Y  L  Q  K  Z
M  P  K  Ú  K  A  O  N  G  R  E  U  L  R  Þ  Z
U  A  A  K  A  K  Ó  R  Í  A  N  D  E  R  Ú  S
I  R  D  Q  O  V  W  R  F  N  U  Ð  X  Q  Y  S
```

SÚR	ENGIFER
HVÍTLAUKUR	MÚSKAT
BITUR	LAUKUR
ANÍS	PAPRIKA
KANIL	PIPAR
KARDEMOMMU	LAKKRÍS
KÓRÍANDER	SAFFRAN
KÚMEN	BRAGÐ
KARRÝ	SALT
FENNEL	VANILLU

35 - Agronomie

```
L H E V S N U G N E M Z Á N Z J
E M B Í N G M K H C Á Þ B W S K
B M P S H L H P O H N W U S V V
F R Æ I V O V F U G Y G R V U A
K T H N D W E X A F P X Ð E K P
U E W D Ð C R U T X Ö V U I N P
W W R I A E F Y Ð A E B R T R E
R O F F Q S I J A R Ð V E G U R
C A T E I T W Ð G R Æ N M E T I
M Q Þ G J I K G Æ O E M R L A B
A L S Ð I E L M A R F S X F M Y
S J Ú K D Ó M A A W F Y K N U R
W Þ T Z V X L A B E L T J W M Þ
Ð J V S A K R O Z Z P X S N Z V
F Y V J T E J B K S Ð A Q I Y Z
O I R I N K Ó S N N A R A T V Ð
```

VÖXTUR	SJÚKDÓMA
VATN	MATUR
ÁBURÐUR	MENGUN
UMHVERFI	FRAMLEIÐSLA
VISTFRÆÐI	RANNSÓKNIR
ORKA	SVEIT
ROF	VÍSINDI
NÁM	JARÐVEGUR
FRÆ	KERFI
GRÆNMETI	

36 - Vêtements

```
X  Þ  N  A  S  T  S  K  J  A  K  K  I  O  S  S
S  Y  V  D  U  R  M  Á  Q  J  X  Z  S  F  X  K
G  C  G  P  Z  Q  Q  P  L  D  T  R  A  B  A  Y
Þ  D  J  H  W  L  Þ  U  Y  N  G  Q  F  Z  F  R
X  E  B  R  Á  N  G  F  R  A  S  S  Ú  L  B  T
N  R  N  U  C  L  Y  D  Q  B  S  V  S  Q  G  A
Á  W  M  X  X  Q  S  N  X  M  B  U  U  S  Z  Q
T  T  D  U  Þ  U  I  M  A  R  S  U  T  N  I  Y
T  R  I  B  N  Y  R  Þ  E  A  K  S  K  Ó  T  Z
F  E  G  A  K  S  N  A  H  N  Ó  V  T  U  L  U
Ö  F  H  L  N  L  K  Z  A  D  R  I  X  I  E  Y
T  I  T  L  L  I  J  P  E  Y  S  A  B  O  B  O
I  L  Í  A  Þ  P  Ó  P  G  Þ  H  A  T  T  U  R
F  E  S  G  K  Y  L  W  J  E  H  A  E  X  Z  X
C  W  K  J  M  D  L  S  P  S  M  Q  V  P  R  H
B  Ð  A  R  X  V  H  O  M  X  L  X  T  Þ  Z  V
```

ARMBAND	PILS
BELTI	KÁPU
HATTUR	TÍSKA
SKÓR	BUXUR
SKYRTA	PEYSA
BLÚSSA	NÁTTFÖT
HÁLSMEN	KJÓLL
TREFIL	SKÓ
HANSKA	SVUNTU
GALLABUXUR	JAKKI

37 - Arts Visuels

```
G  G  N  B  Y  Y  Þ  H  M  Y  B  L  O  B  P  K
X  Ð  K  F  T  Q  Q  Ð  E  R  Þ  P  I  Q  A  V
Y  D  R  K  I  K  M  K  I  M  A  R  E  K  R  I
Þ  N  Í  X  A  D  S  L  S  Ð  X  D  S  W  J  K
Ð  Y  T  M  Z  L  A  N  T  I  H  H  N  U  C  M
T  M  Á  L  V  E  R  K  A  L  S  Æ  L  G  K  Y
Q  G  M  X  C  R  C  Ð  R  V  P  V  A  N  O  N
T  G  F  R  W  J  M  Þ  A  H  M  A  S  I  L  D
L  Ö  H  A  C  D  A  I  V  U  N  X  L  N  U  Þ
E  H  T  J  G  Q  R  U  E  F  N  W  N  Á  D  P
I  Ð  W  R  P  Q  E  W  R  P  P  F  Z  R  O  O
R  U  T  N  A  Ý  L  B  K  M  E  B  U  K  S  R
S  J  Ó  N  A  R  H  O  R  N  I  N  H  S  G  T
L  I  S  T  A  M  A  Ð  U  R  V  Ð  N  K  L  R
A  R  K  I  T  E  K  T  Ú  R  I  Y  Z  I  D  E
S  A  M  S  E  T  N  I  N  G  U  L  I  K  Þ  T
```

ARKITEKTÚR	BLÝANTUR
LEIR	SKRÁNINGU
LISTAMAÐUR	KVIKMYND
KERAMIK	MÁLVERK
KOL	SJÓNARHORNI
MEISTARAVERK	PORTRET
GLÆSLA	HÖGGMYND
VAX	PENNI
SAMSETNINGU	LAKK
KRÍT	

38 - Méditation

```
V A K A N D I S E S S H C L Q A
S Ð R K S V Q W Y A K P K U Z B
Þ A K K L Æ T I X M Ý H V A L H
X Ö W Z Q R Y M Y T R U Ð I R F
O N U G U H T A F Ö L S Ú W T N
A D A N D L E G T K E Þ M B I Á
B U N V L C Y M S Þ I Þ A M L T
A N U Z I H Ð F I Ö K W S M F T
Y Z S S V L Ð H L G I N V Q I Ú
U E K Q Ð J T U N N E Ð Z I N R
J Z H Q Ó I R G Ó V Y P Ð K N A
L O G N G N K A T Q E C Ð Q I N
S J Ó N A R H O R N I N W O N J
A T H Y G L I Ð S V Z Z J Z G V
Y D R H U S A M Þ Y K K I A A N
Ð Y P H N R H M W Y C Q Þ L R H
```

SAMÞYKKI
ATHYGLI
LOGN
SKÝRLEIKI
SAMÚÐ
HUGA
TILFINNINGAR
VAKANDI
GÓÐVILD
ÞAKKLÆTI

VENJA
ANDLEGT
SAMTÖK
TÓNLIST
NÁTTÚRAN
ATHUGUN
FRIÐUR
SJÓNARHORNI
ÖNDUN
ÞÖGN

39 - Littérature

```
L M N S M Y N D L Í K I N G S S
Y I I W K L Z M Y M E A V F A Ö
N U Ð Ð S Á N F A M E Þ E S M G
P Ð U Ð Ó J L N G G S L Q R A U
N Æ R Ð Ó J L D A S V T T U N M
C R S B J J Í E S B C F Q K B A
F M T G L S T Q D K R N Þ I U Ð
F U A T R F S N L Ð A D U E R U
K K Ð I A E M X Á K L P R L Ð R
V I A W G K I N K R Í M U M U M
L G G R N O T N S A M H D R R O
Ð Z A Z I J J U I S A B N A J O
C W S Þ K Ð F K R N N Z U H W B
K C I U Í G A L G U G F F C E B
X U V E L K K X K M O Þ Ö B J R
J U Æ L Ý S I N G Ð Q Z H U E D
```

LÍKINGAR	MYNDLÍKING
GREINING	SÖGUMAÐUR
E.	LJÓÐ
HÖFUNDUR	LJÓÐRÆN
ÆVISAGA	RÍM
SAMANBURÐUR	SKÁLDSAGA
NIÐURSTAÐA	TAKTUR
LÝSING	STÍL
UMRÆÐU	ÞEMA
SKÁLDSKAPUR	HARMLEIKUR

40 - Nourriture #1

```
N  I  Þ  Z  W  P  A  R  A  E  K  Ð  C  E  G  Q
L  M  V  I  Z  B  X  O  N  T  P  A  P  Æ  N  J
P  N  U  T  M  J  Ó  L  K  Ó  E  Ð  N  U  B  A
H  V  Í  T  L  A  U  K  U  R  R  Z  H  I  Ð  R
E  R  T  A  L  A  S  C  F  L  A  Z  D  V  L  Ð
Þ  Z  L  A  J  X  F  B  C  U  O  Y  S  F  U  A
B  E  A  F  N  E  A  J  Y  G  Ð  O  R  K  O  R
K  A  S  A  F  Í  T  Ú  N  F  I  S  K  U  R  B
J  S  S  S  Y  S  P  Ð  D  R  J  O  F  Þ  V  E
Ö  Í  U  I  W  Ú  V  S  Y  K  U  R  X  Y  E  R
T  T  I  B  L  P  M  B  H  F  N  U  R  M  R  Q
V  R  C  Y  Ð  A  M  T  M  Q  W  K  A  F  G  J
P  Ó  U  G  Z  W  B  U  V  M  E  U  D  F  J  T
H  N  A  G  Þ  K  L  S  Q  E  N  A  T  W  M  E
X  U  J  I  R  L  Q  B  X  P  K  L  H  Þ  M  S
E  K  A  F  F  I  P  Y  G  T  I  T  O  I  T  O
```

HVÍTLAUKUR	NÆPA
BASIL	LAUKUR
KAFFI	BYGG
KANIL	PERA
GULRÓT	SALAT
SÍTRÓNU	SALT
SPÍNAT	SÚPA
JARÐARBER	SYKUR
SAFA	TÚNFISKUR
MJÓLK	KJÖT

41 - Jours et Mois

```
Þ  R  I  Ð  J  U  D  A  G  U  R  D  B  O  F  R
Q  Q  J  Q  E  V  O  M  I  F  M  S  Z  K  Þ  C
K  H  P  K  H  G  M  G  Á  O  O  A  S  T  R  I
O  Y  T  F  P  Y  N  R  V  N  U  H  S  Ó  U  A
F  Ö  S  T  U  D  A  G  U  R  U  Q  K  B  G  O
S  E  P  T  E  M  B  E  R  R  R  Ð  R  E  A  V
V  R  U  G  A  D  U  T  M  M  I  F  U  R  D  L
O  U  A  J  A  N  Ú  A  R  N  G  E  G  R  R  E
R  G  P  M  M  R  D  U  V  L  A  T  A  G  A  D
R  A  Ú  R  B  E  F  X  I  W  Z  S  D  S  G  S
P  D  O  M  Y  O  K  B  K  A  U  Ú  U  K  U  F
J  U  B  Þ  Þ  A  Ð  D  A  G  V  G  N  D  A  U
E  N  E  L  D  P  P  Q  T  O  U  Á  Á  E  L  W
U  N  E  M  A  F  D  R  N  Ó  V  E  M  B  E  R
Þ  U  P  M  J  P  T  D  Í  L  Ú  J  S  U  M  Þ
E  S  M  H  W  I  X  M  D  L  J  Ú  N  Í  C  K
```

ÁGÚST	ÞRIÐJUDAGUR
APRÍL	MARS
DAGATAL	MÁNUÐUR
SUNNUDAGUR	NÓVEMBER
FEBRÚAR	OKTÓBER
JANÚAR	LAUGARDAGUR
FIMMTUDAGUR	VIKA
JÚLÍ	SEPTEMBER
JÚNÍ	FÖSTUDAGUR
MÁNUDAGUR	

42 - Jardinage

```
O R C Ð C Þ M S A I E T L J B B
V E Ð U R F A R X D F R Þ C O L
X C F W U J G Þ H S U Z B Ð T Ó
B U G H T H A Þ D X F A O O A M
F K K A Æ I B R G X G O L Z N S
Q D W Þ R N L E Ð C C A A R I T
M H Q P F D Ó V W V A T N C R
S O U Q U J M G R C E Ð D Y A A
R D L R A K A T A N U G N Ö L S
I S Ð T L U U W D V D N U G E T
A K L B A D L S Y P J U U R L Q
F R A M A N D I Q C Ð D X Y F Ð
G Ó H R E I N I N D I Í L Á T J
D B N R Y P Ö N Ð I S G W E M D
R Y M P Þ O V M D X Y J A Y Z N
A L D I N G A R Ð U R O M O Þ B
```

BOTANICAL	BLÓMSTRA
VÖND	BLÓMA
VEÐURFAR	FRÆ
ÆTUR	RAKI
MOLTA	ÍLÁT
VATN	OPIN
TEGUND	ÓHREININDI
FRAMANDI	JARÐVEGUR
SM	SLÖNGUNA
LAUF	ALDINGARÐUR

43 - Entreprise

```
R R B X G V P A H Y R T X Q H L
R G Y Ú Ð I E F X A E M P S M H
U D J R Ð Ð N S E J G S C Q B R
Ð V W H Q S I L E L H N F Q P P
A J F Þ Q K N Á I S N F A Þ S Q
M L P Y F I G T N Y M J C Ð Þ T
S M L U E P A T Q K E Á L V U U
F N Á E S T R U O W V R F E K R
R Y M Y P I Þ R T G M F E R O U
A D R A T T A K S T V E R K S J
T P Á I G N I N R A V S I S T K
S T J A R N L J X Ð S T L M N E
B J F A Ð T M B R S E I T I A T
A C K F Q L Æ C Q Ö V N C Ð Ð D
A M B N U U Þ K X L N G Z J U M
H A G F R Æ Ð I I U E R V U R V
```

PENINGAR	SKATTAR
BÚÐ	FJÁRFESTING
FERIL	VARNINGI
KOSTNAÐUR	HAGNAÐUR
MYNT	TEKJUR
STARFSMAÐUR	AFSLÁTTUR
FYRIRTÆKI	VIÐSKIPTI
HAGFRÆÐI	VERKSMIÐJU
FJÁRMÁL	SÖLU

44 - Activités

```
L  L  Y  G  Y  S  B  Q  V  M  Z  Y  X  G  H  W
Y  E  J  D  Ö  D  P  N  M  N  E  T  M  A  Æ  E
Ð  Q  I  A  M  N  U  K  Ö  L  S  M  K  R  F  J
K  G  J  K  O  Y  G  N  N  A  Ð  A  P  Ð  N  H
I  N  K  R  I  V  H  U  I  Y  C  E  V  Y  I  Y
M  Y  T  E  G  R  H  D  F  F  U  T  E  R  R  A
A  E  J  V  A  Ð  J  N  C  E  Y  F  I  K  V  X
R  M  A  D  L  Þ  V  Y  B  U  R  A  Ð  J  A  K
E  H  X  N  D  F  E  M  Þ  Q  Á  Ð  I  A  N  B
K  D  W  A  U  A  I  S  P  T  N  Æ  I  K  W  S
Y  M  T  H  R  N  Ð  Ó  L  Ð  Æ  J  Q  R  I  I
L  E  S  T  U  R  A  J  D  K  G  T  B  E  H  T
J  Y  I  U  S  X  Z  L  C  A  J  Ú  J  V  B  L
E  M  M  T  D  I  O  A  M  U  A  S  Ð  L  G  C
D  I  Í  E  B  W  L  Á  H  U  G  A  M  Á  L  G
Ð  M  T  M  I  M  H  G  Z  L  W  G  C  M  E  S
```

VIRKNI	LEIKIR
LIST	LESTUR
HANDVERK	TÍMIST
ÚTJÆÐA	GALDUR
KERAMIK	MÁLVERK
VEIÐA	VEIÐI
HÆFNI	LJÓSMYNDUN
SAUMA	ÁNÆGJA
ÁHUGAMÁL	GÖNGUFERÐIR
GARÐYRKJA	SLÖKUN

45 - Mode

```
Þ  C  Ð  Y  O  A  K  A  E  C  V  U  Ð  H  F  Þ
S  Æ  I  B  T  M  S  S  I  Ð  A  Y  L  A  C  W
H  T  G  E  L  N  I  G  I  R  O  W  V  G  T  B
Ó  Þ  Í  I  O  Z  W  M  G  E  A  S  L  N  Z  O
G  Q  O  L  L  U  Þ  O  L  F  B  E  Q  Ý  P  U
V  R  J  E  D  E  W  J  Æ  Á  H  Z  F  T  J  T
Æ  Y  P  I  W  M  G  N  S  A  P  P  A  N  H  I
R  N  Ú  T  Í  M  A  T  I  M  L  H  N  F  I  Q
Ú  T  S  A  U  M  U  R  L  I  Æ  A  F  A  Ð  U
N  L  K  T  F  A  A  U  E  E  G  G  E  T  H  E
Y  A  J  T  D  P  C  T  G  R  S  K  T  N  A  L
O  F  U  N  X  P  P  S  U  Ý  T  V  S  A  B  B
Y  N  G  Z  N  P  O  N  R  D  U  Æ  D  Ð  I  L
U  I  E  G  F  Y  Ð  Y  M  O  R  M  O  B  T  B
B  E  Þ  R  Q  R  C  M  D  B  L  D  Y  H  M  Y
R  A  K  Þ  O  O  K  W  I  G  Þ  X  J  M  B  I
```

HAGKVÆM	HÓGVÆR
BOUTIQUE	MYNSTUR
HNAPPA	ORIGINLEGT
ÚTSAUMUR	HAGNÝT
DÝR	EINFALT
ÞÆGILEGT	STÍL
REIMA	STEFNA
GLÆSILEGUR	ÁFERÐ
LÆGSTUR	EFNI
NÚTÍMA	FATNAÐ

46 - Fleurs

```
T H J L C T D E B N X T C P M L
Ú S X B Í A R Q L W M T X E A O
L A W Y L L L T J U G X Þ F G F
I Y B P Þ G A A E L Y G D A N N
P Þ U T L X Þ D N Ö V X J H O A
A L C L Þ Ð U A O U W Ð N U L R
N S U C S I B I H R T O G A I B
K R P A T R O S M I C X E A A L
F B Þ S Ð Á B Y Q V Þ H N O L Ó
Í O V S Ð M I P C N Z Ð I F I M
F P G E R S H P X T F Q M D L Ó
I C A I M Ó B O M R B K S V Y L
L S L P Y J S P S E Y U A X N B
L P L U M E R I A F H V J O O L
Á S T R Í Ð U B L Ó M R H N E Ó
K R Ó N U B L A Ð B D E F R P S
```

VÖND   ÁSTRÍÐUBLÓM
TOGA   POPPY
HIBISCUS   KRÓNUBLAÐ
JASMINE   FÍFILL
LOFNARBLÓM   PEONY
LÍLA   PLUMERIA
LILY   RÓS
MAGNOLIA   SÓLBLÓM
DAISY   SMÁRI
ORCHID   TÚLIPAN

47 - Nourriture #2

```
R E B U S R I K I H B T G R Ð W
F E I H Þ A Z H T Y Q Ó B I E Y
T T B W R E X A I Y L M A B F W
S K I N K A M M E F Á A N R H U
K F S Ó Í V Í K V P K T A A P H
J I Ú J N V S C H K L L N U U P
Ú S K R I P P E V S I I I Ð H T
K K K G D G M N Q M G A U Ð T D
L U U S L Q P K E Í R E L L E S
I R L Í A H Þ B P Ð E P N P V R
N Q A R G M Þ N M D P T Ö J I Y
G L Ð H G L C O D A S N M F A F
U R I T E J L W Y R N I K E X M
R Z E Þ T S S O T T C G R W M E
T Y G D U Ð Y I W I Y O Ó C H H
K I G M I C J T L B P A Z M D K
```

MÖNLU	KÍVÍ
EGGALDIN	MANGÓ
BANANI	EGG
HVEITI	BRAUÐ
SPERGILKÁL	FISKUR
KIRSUBER	EPLI
SELLERÍ	KJÚKLINGUR
SVEPPIR	VÍNBER
SÚKKULAÐI	HRÍSGRJÓN
SKINKA	TÓMAT

48 - Algèbre

```
V  S  K  B  G  O  T  D  N  J  J  E  Y  I  M  G
V  O  L  C  L  K  T  Ð  O  Y  O  T  G  N  A  R
C  Y  Y  W  R  U  T  T  Á  R  D  Á  R  F  G  A
S  K  Ý  R  I  N  G  A  R  M  Y  N  D  Y  N  F
O  C  I  U  S  V  S  J  A  F  N  A  Q  L  N  A
O  B  Z  T  Í  Ð  X  U  J  G  A  L  J  K  Ú  Þ
Þ  H  N  T  V  U  X  A  A  G  I  V  S  I  L  X
B  N  C  Á  S  W  Þ  G  E  L  U  N  Í  L  L  F
G  R  A  Þ  I  W  P  E  T  U  S  E  E  T  E  P
B  E  O  D  D  T  A  L  Ú  M  R  O  F  I  L  U
P  M  Q  T  L  U  Z  N  Ð  M  I  N  N  H  E  W
V  Ú  Q  N  E  A  Z  A  V  A  N  D  A  M  Á  L
G  N  K  T  V  I  F  D  G  U  U  I  W  N  V  H
I  F  W  G  A  J  S  N  Z  B  R  E  Y  T  A  A
B  H  T  C  G  I  T  E  I  N  M  A  Ð  T  P  J
I  X  S  I  I  A  Y  Ó  V  E  R  E  F  R  L  S
```

SKÝRINGARMYND	FYLKI
VELDISVÍSIR	NÚMER
JAFNA	SVIGA
ÞÁTTUR	VANDAMÁL
RANGT	MAGN
FORMÚLA	EINFALDA
BROT	LAUSN
GRAF	FRÁDRÁTTUR
ÓENDANLEGA	BREYTA
LÍNULEG	NÚLL

49 - Océan

```
S V A M P U R H U O K Y Y D Þ V
N Z B K Y A V P G Þ S W Þ O A A
A L K R M D M W E Y V T H Y N F
I J Q R U K S I F N Ú T R T G N
D X L U A J K Æ R U D L Ö A Ð R
S N X T D B B G Ý I D Y E V K R
M A I Á T K B F R I X H B P Z U
A W L B S U G I B B A R K L O K
R B L T Ð Z O R I D R U K S I F
G Q A G Á L L U V Y U G M Þ L Y
L X R Ð F W K M C Z L N I M B P
Y C Ó A D X X R X R A U Z L F E
T E K T I F N O F K V R S P R C
T H Á K A R L T T C H F Þ W V M
A Þ Y Þ C T R S T K D Ö Þ N B A
S K J A L D B A K A Þ H V Q S Q
```

ÞANG
ÁLL
HVALUR
BÁTUR
KÓRALL
KRABBI
RÆKJA
HÖFRUNGUR
SVAMPUR
OSTRA

MARGLYTTA
FISKUR
KOLKRABBI
HÁKARL
RIF
SALT
STORMUR
TÚNFISKUR
SKJALDBAKA
ÖLDUR

50 - Antiquités

```
M Á L V E R K N W Z G O Q K E J
M Y N T F U N G Ö G S Ú H G K D
A A S S J G X Æ S Ð T U F Z T Y
O Ð I I Á E K Ð O B P P U V A P
H E E L R L A I Ö L D D D Q Q E
X I R L F I W R B P E C S T Í L
G B R A E S V I C S I C E G R K
F Q U M S Æ H P Ð V X Q X E E Z
X H D A T L G I O B R L M L L Z
Z H N G I G E R H Q E R V U L V
J Ð E D N Y M G G Ö H L U J A L
V T R A G N I T Y E R K S N G O
G L F E Z V I R Ð I N R B E X Q
E Þ V Q E K R A C R Q O J V V I
N Z X F Y S T K C G E U W Ó G V
P F V Ð J F I S D B Ð V Z A Q M
```

LIST	MÁLVERK
EKTA	MYNT
SKARTGRIPIR	VERÐ
SKREYTINGAR	GÆÐI
UPPBOÐ	ENDURREISN
GLÆSILEGUR	HÖGGMYND
GALLERÍ	ÖLD
ÓVENJULEGT	STÍL
FJÁRFESTING	VIRÐI
HÚSGÖGN	GAMALL

51 - Boxe

```
Á  S  U  K  Ó  F  E  J  K  H  H  E  S  K  M  L
R  V  T  T  K  E  B  E  R  Æ  Ð  L  B  Z  Ó  Í
C  F  E  Y  S  Þ  I  K  U  F  U  Z  A  H  T  K
S  N  K  R  R  H  G  E  V  N  T  Q  T  O  M  A
B  D  Z  U  K  K  X  B  H  I  U  K  A  R  Æ  M
J  V  Z  Ð  Q  A  U  S  P  A  R  K  A  N  L  I
A  P  I  A  E  G  R  R  S  T  I  G  Ö  T  A  P
L  E  D  M  B  O  G  N  F  E  A  R  L  H  N  I
L  O  E  A  V  B  W  Z  B  G  V  Þ  K  N  D  E
A  X  L  G  K  N  N  I  Ú  B  K  J  E  Þ  I  R
K  I  T  A  Q  L  G  F  F  Ð  X  P  U  V  R  U
S  T  M  D  C  O  U  E  E  S  I  H  H  N  A  T
N  I  T  R  E  P  E  N  T  V  S  Q  U  H  M  Ó
A  Q  A  A  Y  J  Q  H  U  J  P  Þ  K  Ð  Ó  J
H  N  G  B  X  E  J  G  L  I  R  P  O  T  D  L
P  X  X  T  J  D  Ð  E  B  V  Y  Ð  R  Ð  M  F
```

MÓTMÆLANDI	OLNBOGA
DÓMARI	SPARKA
ÁVERKAR	BÚINN
BJALLA	STYRKUR
HORN	HANSKA
BARDAGAMAÐUR	HÖKU
HÆFNI	HNEFI
FÓKUS	STIG
REIPI	FLJÓTUR
LÍKAMI	BATA

52 - Réchauffement Climatique

```
A  V  R  U  X  A  V  J  F  Ö  J  G  G  Ö  L  T
R  B  E  A  Þ  L  E  O  N  R  U  Ð  A  N  Ð  I
K  S  Q  C  F  Þ  Ð  K  R  G  A  Ú  B  Í  I  K
T  H  N  F  E  J  U  R  Ó  K  Þ  M  S  M  B  Y
Í  S  L  M  B  Ó  R  E  J  Y  A  F  T  X  U  N
S  G  Ö  G  N  Ð  F  P  T  H  A  N  C  Í  P  S
K  Q  U  D  D  L  A  P  S  I  F  A  G  X  Ð  L
U  G  N  X  H  E  R  A  S  D  P  X  D  Z  Q  Ó
R  G  Ú  G  Þ  G  C  E  I  Ð  Æ  V  S  Ú  B  Ð
Þ  A  N  O  V  B  U  Q  K  L  C  S  G  S  P  I
E  S  A  Þ  R  Ó  U  N  Í  L  G  G  J  C  P  R
H  I  T  A  S  T  I  G  R  X  I  Y  T  F  W  L
U  M  H  V  E  R  F  I  S  E  K  Z  H  V  T  D
V  Í  S  I  N  D  A  M  A  Ð  U  R  H  T  Y  K
X  G  C  U  D  Ð  V  H  P  E  V  E  P  R  A  N
Ð  T  R  T  Þ  F  F  P  B  A  F  U  F  C  F  I
```

ARKTÍSKUR	KYNSLÓÐIR
ATHYGLI	RÍKISSTJÓRN
VEÐURFAR	BÚSVÆÐI
KREPPA	IÐNAÐUR
ÞRÓUN	ALÞJÓÐLEG
GÖGN	LÖGGJÖF
UMHVERFIS	NÚNA
ORKA	ÍBÚA
FRAMTÍÐ	VÍSINDAMAÐUR
GAS	HITASTIG

53 - Ballet

```
M L W W F T C F U K V L R R Z B
T Ó N S K Á L D R U M Á Í U L A
N Y D D T R N K R M Y T V T K L
L I S T R Æ N N N N Q B S K S L
D A N S A R A R Z X E R L A B E
Á T G E L R A N G I T A I T W R
H L Ó I F L Ð C C U X G K L A Í
O T Ó N R G I R Y B U Ð I L N N
R Æ H F L H L J Ó M S V E I T A
F K O Æ A I O Y S O Ð U L K S V
E N Z H X K S T Ó L Æ K K I O Ð
N I V V H U L T L O F Q R M W Ö
D T Ð S Ð R L A Ó D I R Y P I V
U Y K C X D G P P T N N T I M C
R O Q I D E T A L P G I S V P W
K Ó R E Ó G R A F Z Þ J T S L A
```

LÓFAKLAPP
LISTRÆNN
BALLERÍNA
KÓREÓGRAF
HÆFNI
TÓNSKÁLD
DANSARAR
SVIPMIKILL
LÁTBRAGÐ
TIGNARLEGT

STYRKLEIKI
VÖÐVA
TÓNLIST
HLJÓMSVEIT
ÁHORFENDUR
ÆFING
TAKTUR
SÓLÓ
STÍL
TÆKNI

54 - Fruit

```
T  Z  N  I  O  L  H  B  E  R  M  Y  N  D  Y  T
U  Y  E  Y  W  S  Í  T  R  Ó  N  U  V  Þ  I  J
A  A  C  N  E  R  G  I  H  Z  V  M  U  V  B  P
Q  N  T  N  V  Q  L  M  N  M  K  F  G  I  B  L
V  A  A  J  K  S  R  E  F  M  E  L  Ó  N  A  H
X  N  R  E  B  U  S  R  I  K  Y  B  O  X  Ð  L
Ð  A  I  A  P  R  Í  K  Ó  S  A  Y  K  G  Y  R
O  S  N  N  B  G  H  Q  F  H  W  K  J  U  F  R
I  R  E  B  N  Í  V  W  I  A  P  L  L  A  A  Q
P  N  Z  Y  L  I  J  Z  C  U  Y  F  Þ  V  E  M
O  E  A  V  Ó  K  A  D  Ó  G  N  A  M  A  R  Y
W  C  R  N  V  U  X  X  U  S  I  L  P  E  Þ  E
K  Þ  Q  A  A  A  P  P  E  L  S  Í  N  A  J  O
M  U  J  R  E  B  D  N  I  H  Þ  I  X  F  P  K
J  U  Þ  E  D  I  V  B  T  B  X  K  Í  V  Í  X
Z  E  R  O  L  Q  D  I  E  R  O  Þ  K  J  Z  H
```

APRÍKÓSA	KÍVÍ
ANANAS	MANGÓ
AVÓKADÓ	MELÓNA
BER	NECTARINE
BANANI	APPELSÍNA
KIRSUBER	PAPAYA
SÍTRÓNU	FERSKJA
MYND	PERA
HINDBERJUM	EPLI
GUAVA	VÍNBER

55 - Météo

```
R  A  K  R  R  U  Þ  H  B  M  O  N  S  Ú  N  B
U  E  I  N  H  P  A  B  I  Z  H  Z  V  R  Ó  A
C  J  G  P  Y  Z  R  Y  J  M  D  I  R  V  F  L
L  Á  M  N  R  Ó  J  T  S  G  I  Y  U  E  E  O
A  K  Ó  Þ  B  E  W  R  B  H  O  N  D  Ð  L  G
C  F  Y  V  N  O  D  A  N  R  O  T  N  U  L  F
I  A  F  M  G  D  G  Q  H  L  N  T  I  R  I  T
P  A  D  B  S  T  Ý  I  Z  I  Þ  N  V  F  B  Z
O  R  E  Þ  R  S  K  X  S  U  T  L  M  A  Y  N
R  U  M  R  O  T  S  B  M  V  R  A  P  R  L  Y
T  M  M  A  W  Y  L  N  A  W  R  C  S  E  U  M
V  U  L  L  A  A  T  X  W  H  U  V  O  T  R  W
J  R  N  O  G  R  O  H  K  Z  Þ  D  X  A  I  Þ
T  Þ  R  P  Ð  M  T  V  P  H  C  Þ  R  O  W  G
E  Í  S  T  T  E  X  W  V  C  F  N  B  I  D  E
Q  O  C  Q  G  Þ  O  K  J  W  S  Þ  H  A  H  I
```

REGNBOGI
STJÓRNMÁL
GOLA
ÞÓKA
RÓA
HIMINN
VEÐURFAR
ÍS
MONSÚN
SKÝ

FELLIBYLUR
POLAR
ÞURRT
ÞURRKAR
HITASTIG
STORMUR
ÞRUMUR
TORNADO
TROPICAL
VINDUR

56 - L'Entreprise

```
U O X L X G Á I V F M U R C Þ F
I G E Þ K I H Y I J H A O L U A
C R T S I G Æ A Ð Á H Y Z X N G
B B G M D B T U S R R F J B Ý L
E P E U N J T Ð K F Z X W X J E
Z I L D A T A L I E M Þ C Þ A G
O R Ð S P O R I P S Ö E R W R U
X Ð Ó Á A J F N T T G I I Ó R R
B R J V K S Z D I I U N R V U G
K I Þ Ö S V W I Ð N L I A N Ð N
T G L R F S Ö R O G E N F O A I
R E A U Y N A R I U I G M V N N
K U K G E N B W Ð V K A A X Ð N
L L C J V S P X Æ U A R R P I Y
U R W C U P P D G H N Z F H R K
F E P Z U R A T V I N N A U U S
```

VIÐSKIPTI
SKAPANDI
ÁKVÖRÐUN
ATVINNA
ALÞJÓÐLEGT
IÐNAÐUR
NÝJAR
FJÁRFESTING
MÖGULEIKA
KYNNING

VÖRU
FAGLEGUR
FRAMFARIR
GÆÐI
AUÐLINDIR
TEKJUR
ORÐSPOR
ÁHÆTTA
ÞRÓUN
EININGAR

57 - Gouvernement

```
A R B G I A Ð Æ R M U F C L M F
X F R E L S I V É P N I W V Ö U
T M U L Á M K V T X M S P T G G
M I G A M Ó Í N T T T Y Y U M
Z N E R N D R Z L L A G C Q H I
R N L A R F I Ð Æ T S F L Á J S
Æ I Ð G Ó V Ð F T Þ J Ó Ð T B I
Ð S Ó R J W Æ R I P Ð E U D T Y
U M J O T U R I R M C T F S F T
D E Þ B S T Ð Ð Ð É Æ D I O R Z
S R E F K Á Ý S W W T D D I T M
U K R J S K L Æ W J Z T M T N M
M I U K C N M L J J U H I U G K
W W Z T W P S T S J N G P N X V
J A F N R É T T I H D P S V D S
S T J Ó R N A R S K R Á C U Þ I
```

BORGARALEG	DÓMS
STJÓRNARSKRÁ	RÉTTLÆTI
LÝÐRÆÐI	FRELSI
RÆÐU	LÖG
UMRÆÐA	MINNISMERKI
UMDÆMI	ÞJÓÐ
RÉTTINDI	ÞJÓÐLEGUR
JAFNRÉTTI	FRIÐSÆLT
RÍKI	STJÓRNMÁL
SJÁLFSTÆÐI	TÁKN

58 - Randonnée

```
N  S  N  U  K  R  Ö  M  U  N  F  E  T  S  P  K
Á  K  T  L  L  I  V  W  N  Ð  X  Q  G  B  Ú  Q
T  O  A  Í  U  Q  H  O  D  H  L  Z  T  J  T  Þ
T  R  V  R  G  E  L  O  I  W  O  K  J  A  J  U
Ú  T  A  G  A  V  B  O  R  U  Ð  E  V  R  Æ  N
R  Ý  D  U  D  O  É  Ð  B  A  Þ  B  V  G  Ð  G
A  U  H  D  U  V  P  L  Ú  Q  F  N  E  F  A  T
N  T  Ð  B  O  C  H  Ó  N  I  R  X  Ð  U  S  H
E  C  V  R  P  W  Ð  S  I  Y  B  R  U  N  V  S
U  L  K  U  A  O  T  O  N  U  Þ  L  R  D  K  V
N  W  I  T  L  G  B  D  G  F  E  Þ  F  I  L  Y
A  X  W  T  X  B  P  L  U  E  J  H  A  N  Q  O
U  P  G  Y  Ð  F  R  J  R  Ð  S  A  R  U  K  W
A  N  N  E  M  U  G  Ö  S  Ð  I  E  L  M  A  Þ
I  F  H  R  A  N  I  E  T  S  L  N  D  L  E  L
C  A  F  Þ  N  W  D  K  K  M  K  J  J  L  Ð  S
```

DÝR	VEÐUR
STÍGVÉL	FJALL
ÚTJÆÐA	NÁTTÚRAN
KORT	STEFNUMÖRKUN
VEÐURFAR	GARÐUR
VATN	STEINAR
BJARG	UNDIRBÚNINGUR
ÞREYTTUR	VILLT
LEIÐSÖGUMENN	SÓL
ÞUNGT	FUNDINUM

59 - Nutrition

```
G  V  Ö  K  V  A  S  L  I  E  H  D  H  S  G  C
A  E  R  G  J  V  E  G  S  Z  K  F  B  F  B  Þ
U  V  R  T  S  Y  L  R  A  T  A  M  I  Ð  Æ  G
Y  Í  U  J  K  R  Y  D  S  S  E  T  K  T  G
J  T  Ð  S  U  B  C  L  Z  J  Ó  L  U  R  S  H
E  A  G  V  N  N  R  I  T  R  S  T  R  Ó  D  I
Ð  M  I  N  T  E  V  L  O  K  A  I  K  L  Þ  T
Þ  Í  R  P  P  N  I  V  I  H  Ð  N  Y  E  S  A
Y  N  B  C  R  I  U  W  A  A  Z  G  F  G  X  E
N  A  L  F  P  Ó  V  R  R  N  W  Z  A  U  Y  I
G  Y  I  Æ  Y  F  T  N  A  M  H  S  H  R  T  N
D  S  E  T  I  N  F  E  R  U  T  I  E  P  B  I
S  W  H  U  S  E  H  P  I  I  C  O  R  G  J  N
K  U  H  R  Þ  Y  I  C  R  N  R  O  Z  Q  J  G
Q  E  Y  Q  O  Y  D  M  A  T  A  R  Æ  Ð  I  A
M  Y  T  B  L  B  P  D  C  R  O  L  I  H  V  R
```

BITUR	VÖKVA
MATARLYST	ÞYNGD
HITAEININGAR	PRÓTEIN
ÆTUR	GÆÐI
MATARÆÐI	HEILBRIGÐUR
MELTING	HEILSA
KRYDD	SÓSA
RÓLEGUR	BRAGÐ
GERJUN	EITUREFNI
KOLVETNI	VÍTAMÍN

60 - Science Fiction

```
B  J  Ð  K  B  U  L  U  H  N  O  L  F  X  L  R
Y  Ð  A  R  V  Þ  U  T  F  R  Á  B  Æ  R  O  E
Z  J  E  G  G  I  M  H  Ð  U  Z  T  Í  D  T  I
T  Æ  K  N  I  A  K  R  G  D  A  F  M  Y  U  K
T  B  C  I  V  Z  L  M  Þ  L  Þ  Æ  Y  S  K  I
É  F  I  K  G  É  Q  A  Y  E  D  H  N  T  E  S
R  G  Þ  K  A  U  L  W  X  N  G  N  D  Ó  R  T
F  N  F  E  B  V  Q  M  D  Y  D  U  A  P  F  J
É  I  Ð  L  N  U  Ð  K  E  L  C  A  Ð  Í  I  A
V  G  C  B  E  M  G  L  X  N  C  R  H  A  N  R
I  N  U  B  Æ  K  U  R  P  R  N  X  U  Ú  U  N
H  E  I  M  U  R  Ð  G  O  T  S  I  P  Y  S  A
H  R  U  L  L  U  F  R  A  L  U  D  O  B  L  Z
T  P  R  V  Y  Ð  Þ  E  X  T  R  E  M  E  U  J
B  S  Á  R  A  Ð  R  U  B  T  A  Í  P  Ó  T  Ú
N  T  L  Q  T  D  B  Q  Q  Z  F  N  A  T  Þ  E
```

LOTUKERFINU	BÆKUR
KVIKMYNDAHÚS	HEIMUR
DYSTÓPÍA	DULARFULLUR
SPRENGING	VÉFRÉTT
EXTREME	REIKISTJARNA
FRÁBÆR	RAUNHÆFT
ELDUR	VÉLMENNI
GALAXY	ATBURÐARÁS
BLEKKING	TÆKNI
ÍMYNDAÐ	ÚTÓPÍA

61 - Vertus #1

```
H  S  Ö  H  S  I  F  H  C  V  Q  S  I  D  E  F
U  K  R  G  Ó  F  X  G  R  E  I  N  D  U  R  O
G  I  L  Ó  S  G  Y  G  Þ  H  Þ  N  N  R  U  R
M  L  Á  Ð  M  J  V  N  Ð  Z  Þ  Æ  A  U  T  V
Y  V  T  U  F  S  Ú  Æ  D  M  N  R  R  L  I  I
N  I  U  R  G  B  B  K  R  I  Q  T  E  L  V  T
D  R  R  W  Q  X  K  L  L  R  Ð  S  G  U  Á  I
A  K  Ö  R  U  G  G  U  R  I  T  I  F  F  R  N
R  U  Ð  Á  H  Ó  C  F  O  D  N  L  A  U  A  N
Í  R  G  E  S  S  R  Y  W  N  I  G  S  Ð  U  O
K  W  B  G  E  Z  L  N  L  A  E  Q  U  Í  Ð  B
U  R  Q  K  F  K  K  W  Y  L  R  Y  J  R  A  A
R  S  X  Þ  W  O  Q  L  J  L  H  G  C  T  S  H
P  Þ  X  V  E  U  W  A  W  I  Z  N  K  S  T  Y
C  D  P  M  M  K  V  M  J  E  S  D  Q  Á  O  H
N  Y  F  A  T  Ý  N  G  A  H  M  Q  P  J  M  X
```

LISTRÆNN	HUGMYNDARÍKUR
GÓÐUR	ÓHÁÐUR
HEILLANDI	GREINDUR
ÖRUGGUR	HÓGVÆR
FORVITINN	ÁSTRÍÐUFULLUR
AFGERANDI	SJÚKLINGUR
FYNDIÐ	HAGNÝT
SKILVIRKUR	HREINT
ÁRAUÐAST	VITUR
ÖRLÁTUR	

62 - Professions #1

```
O  I  V  J  A  R  Ð  F  R  Æ  Ð  I  N  G  U  R
V  E  I  Ð  I  M  A  Ð  U  R  R  E  Z  F  B  U
B  W  F  Q  S  Á  L  F  R  Æ  Ð  I  N  G  U  R
R  S  K  L  Æ  Ð  S  K  E  R  I  W  Y  S  K  C
V  I  K  R  I  V  L  É  V  A  B  Ð  U  Ð  U  B
I  D  N  A  Ð  O  K  S  R  U  D  N  E  G  U  A
L  L  R  I  R  A  K  I  E  L  Ó  N  A  Í  P  N
I  Ö  I  R  U  T  Þ  J  Á  L  F  A  R  I  X  K
S  G  T  A  Ð  O  G  C  B  M  Q  M  Ð  C  D  A
T  M  S  S  A  E  B  R  M  C  G  O  T  H  F  S
A  A  T  N  M  V  D  Z  I  L  Æ  K  N  I  R  T
M  Ð  J  A  Ó  B  T  Ð  W  P  I  I  O  M  X  J
A  U  Ó  D  J  Þ  H  V  Q  O  I  C  N  A  V  Ó
Ð  R  R  Þ  S  P  P  T  O  R  U  R  D  J  D  R
U  D  I  S  E  N  D  I  H  E  R  R  A  C  Z  I
R  U  Ð  A  M  A  T  T  Ó  R  Þ  Í  G  T  C  V
```

SENDIHERRA	ÞJÁLFARI
LISTAMAÐUR	RITSTJÓRI
ÍÞRÓTTAMAÐUR	JARÐFRÆÐINGUR
LÖGMAÐUR	SJÓMAÐUR
BANKASTJÓRI	VÉLVIRKI
SKARTGRIPIR	LÆKNIR
VEIÐIMAÐUR	PÍANÓLEIKARI
ENDURSKOÐANDI	SÁLFRÆÐINGUR
DANSARI	KLÆÐSKERI

63 - Géologie

```
S  V  P  D  E  W  Á  B  R  Þ  L  V  Ð  H  T  W
T  O  Z  R  P  R  A  L  L  A  T  S  I  R  K  A
A  A  M  F  T  V  P  M  F  H  T  C  Ð  A  W  B
L  K  H  K  Ó  R  A  L  L  U  C  M  Æ  S  Y  N
A  S  Á  R  G  N  I  R  H  J  N  H  V  I  F  L
C  R  Þ  S  A  Ð  I  S  Ð  A  Þ  N  S  T  V  M
T  A  S  T  L  U  M  R  H  M  L  H  I  F  F  U
I  V  Y  E  M  I  N  C  R  E  V  H  S  O  G  Í
T  K  C  I  D  N  E  L  Á  H  L  T  A  R  Ý  S
E  R  L  N  A  F  S  A  L  T  L  L  E  G  A  L
M  Q  S  N  Q  E  J  P  N  D  A  B  I  U  C  A
N  C  N  K  Q  N  A  Þ  B  V  J  Z  T  L  U  K
I  T  O  A  F  I  B  B  N  P  F  Z  M  Ð  G  Y
N  H  T  I  U  E  V  P  T  Z  D  P  R  T  J  G
Y  L  E  S  E  T  I  M  G  A  L  A  T  S  N  H
X  X  I  Q  C  S  O  V  C  P  E  S  Q  O  X  M
```

SÝRA   HRAUN
KALSÍUM   STEINEFNI
HELLI   STEINN
ÁLFUNNI   HÁLENDI
KÓRALL   KVARS
LAG   SALT
KRISTALLAR   STALACTITE
HRINGRÁS   STALAGMITES
ROF   ELDFJALL
GOSHVER   SVÆÐI

64 - Jardin

```
G U M U K N A B T O J I B D Y V
Y E O G R A S F L Ö T I E V L Í
J P K B N E F B B A A L K D E N
A A A X Y B Y J B D T L K M M V
H C O A F Í R H B M A G U X S I
V E P N R Ö J T U O P R R O Q Ð
R G N U P T W X S M X E Z A X U
L N W G J X B V H X V S A R G R
R I J N I I I Í E E M I B L Ó M
A Ð G Ö Ð R D Q L R O A B G U S
T R É L W L Ú I M S Ö Ð Q G R E
M I R S V Ð D M R Z K N F A Z Y
G G T R A M P Ó L Í N Ú D R U B
J A R Ð V E G U R Y P H R Ð U P
A L D I N G A R Ð U R H D U V P
G Ð Q D A E B U X A Z P W R A Ð
```

TRÉ	ILLGRESI
BEKKUR	MOKA
BUSH	GRASFLÖT
GIRÐING	HRÍFA
TJÖRN	JARÐVEGUR
BLÓM	VERÖND
BÍLSKÚR	TRAMPÓLÍN
HENGIRÚM	SLÖNGUNA
GRAS	ALDINGARÐUR
GARÐUR	VÍNVIÐUR

65 - Santé et Bien Être #1

```
G A P V H N F V M L S J R V Þ F
V Y R E U Z G I J E P N U E S Æ
Þ G R C S A V Ð Ö V Ð N Í N V Ð
H W Z Z L R S B O A Æ F R J U U
B R N U Ö I S R T P H U E A C B
E E N D K E R A L Ó T E T R V Ó
L N I I U V Z G U T K I K U Ð T
G K E N N W G Ð Z E U K A K G A
Ð B B Ó B G O D Ð K S E B R L R
R I I M Ð R U G N U H N A I Y E
D G P R X V O T A U G A R V F F
C B W O Z H X T F G L V I F W N
T V B H B N Ú E W M C B N I X I
Z W G M U L S Ð I E M X K Q Ð P
H C K Y J B E B P K Q Þ Æ D P K
C V L M K K Y A Z Ð X Q L W I Ð
```

VIRKUR
BAKTERÍUR
MEIÐSLUM
HUNGUR
BEINBROT
VENJA
HÆÐ
HORMÓN
LÆKNIR
LYF

VÖÐVA
TAUGAR
BEIN
HÚÐ
APÓTEK
SLÖKUN
VIÐBRAGÐ
FÆÐUBÓTAREFNI
MEÐFERÐ
VEIRA

66 - Barbecues

```
H  T  Ó  M  A  T  A  R  M  A  R  K  S  Y  T  P
L  U  X  Ð  U  Y  D  R  Q  E  H  J  Y  W  R  I
U  A  N  W  J  X  Ð  G  Q  S  Á  Ú  K  T  T  P
Z  S  U  G  J  Z  T  R  Y  A  D  K  V  K  P  A
V  Ó  F  K  U  Q  T  S  V  L  E  L  Ö  B  F  R
B  S  R  R  U  R  H  B  O  Ö  G  I  L  J  J  T
T  Ó  N  L  I  S  T  X  A  T  I  N  D  O  Ö  F
S  U  M  A  R  P  R  B  N  A  S  G  M  M  L  J
Y  G  R  I  L  L  A  H  B  L  V  U  A  C  S  Z
T  A  W  I  C  K  W  S  Ö  R  E  R  T  T  K  D
Á  V  Ö  X  T  U  R  A  R  B  R  D  U  N  Y  V
S  O  E  B  O  S  V  I  N  W  Ð  C  R  Þ  L  C
A  R  B  N  S  F  Y  B  K  D  U  G  S  A  D  N
L  W  T  X  T  U  C  E  C  I  R  G  Q  R  A  Y
T  L  I  B  I  S  N  T  T  I  E  H  N  Í  F  A
G  R  Æ  N  M  E  T  I  M  I  A  L  V  V  N  A
```

HEITT	LEIKIR
HNÍFA	GRÆNMETI
HÁDEGISVERÐUR	TÓNLIST
KVÖLDMATUR	LAUK
BÖRN	PIPAR
SUMAR	KJÚKLINGUR
HUNGUR	SALÖT
FJÖLSKYLDA	SÓSA
ÁVÖXTUR	SALT
GRILL	TÓMATAR

67 - Forêt Tropicale

```
B O T A N I C A L A S S O M S F
Ð V O Z Ð U G L N D K K S P A R
T R M A T H V A R F O F K X M U
V I Q C S Þ X H Q Z R J Ý J F M
G M T R U T Æ M R Ý D Ö C O É B
F R U M S K Ó G U R Ý L M T L Y
E V N Á T T Ú R A N R B P L A G
S N E F R O S K D Ý R R G Q G G
Y P D Ð A G S L L E H E A K L J
C Þ E U U L W D X L N Y M I A A
H Z N N R R W Y E A V T H C A K
S Y A Z D R F T E I L N U F I L
F R V S S Ý E A M X W I E N E N
F U G L A R R I R V I R Ð I N G
T E G U N D U L S I E V Ð R A V
X A Q G E Y W Z R N A Þ F Y Y I
```

FROSKDÝR
BOTANICAL
VEÐURFAR
SAMFÉLAG
FJÖLBREYTNI
TEGUND
FRUMBYGGJA
SKORDÝR
FRUMSKÓGUR
SPENDÝR

MOSS
NÁTTÚRAN
SKÝ
FUGLAR
DÝRMÆTUR
VARÐVEISLU
ATHVARF
VIRÐING
ENDURREISN
LIFUN

68 - Insectes

```
I Y N W U V W Y I T D L H Ð S G
F D Y T F M M W I V R Y O F Ú G
G R U A M E H Q K Þ A I R P L L
C U Í Y O T F M K R G U N D U Ó
I G B P S I T N A M O Z E O T S
Z N K R U M R O L K N J T A N G
M U F U S R P S A Z F U X T Ö S
V T Y I G E P Ð K C L Q G E L Q
S I C I Ð T S G K L Y T E H P K
G E U D D R N L A I R Y Z I C Z
W G D Q R V I Q K R M P W G H O
T B L G Z K Ð L F V J Þ F X Y N
B J A L L A M A D A C I C T T Ð
G R A S K Ú L A W I S S W L H K
E N G I S P R E T T U R H G A W
P T Z T F F L U G A J H Z L U X
```

BÍ   MANTIS
KAKKALAKKI   GNAT
CICADA   FLUGA
FRÍPUR   FIÐRILDI
ENGISPRETTUR   FLÓ
MAUR   PLÖNTULÚS
HORNET   GRASKÚLA
GEITUNGUR   BJALLA
LIRVA   TERMITE
DRAGONFLY   ORMUR

69 - Ferme #1

```
Z G F E S D J O W S A W Ð S A L
H N I W A Ð E P F J U D O R Þ A
R A N R G Q T J O L S R W T Q N
Í N S U Ð M Q Z T F K V S J Y D
S U A F K I F N Y Ð H Í U V Í B
G H K L Y J N V E T G S M Þ F Ú
R Q Á Á B J Ú G L H O U M M Þ N
J H R K Q H Þ K D Y L N W Y Á A
Ó S K I Ý H E W L T X D N L B Ð
N C R U Z R M Z T I A U A Q U U
H E Y C Z U O O A E N R B X R R
X S J A N D H O Ð G W G Q F Ð Ð
G X M E Q N H E S T U R U W U Ð
B V A T N U F L O K K U R R R Þ
I Q J H N H P U Z O P E N G I B
K Ö T T U R F S R E W J Þ F O Þ
```

BÍ	KRÁKA
LANDBÚNAÐUR	VATN
ASNI	ÁBURÐUR
VÍSUNDUR	HEY
ENGI	HUNANG
KÖTTUR	KJÚKLINGUR
HESTUR	HRÍSGRJÓN
GEIT	FLOKKUR
HUNDUR	KÝR
GIRÐING	KÁLFUR

70 - Café

```
Þ  M  Y  C  O  L  W  U  Þ  E  Q  H  K  K  R  V
M  E  O  A  T  I  D  N  A  T  Ó  J  L  F  E  A
M  A  L  A  E  L  H  N  D  Í  Ð  Q  P  Ð  R  T
D  I  H  M  W  M  E  U  N  R  S  O  N  O  U  N
X  N  S  Ó  K  U  U  G  Q  M  Y  Ð  Þ  I  N  T
S  T  P  J  V  R  B  R  A  G  Ð  K  T  M  N  Þ
F  Y  M  R  Ú  S  W  O  E  W  R  Ð  K  R  X  N
E  E  K  L  Ó  J  M  M  H  G  Ð  A  W  U  Ð  B
S  R  E  U  N  Y  U  P  P  R  U  N  A  T  R  H
W  B  N  L  R  C  G  B  I  H  D  T  G  I  N  H
N  L  B  C  A  C  V  R  M  C  B  B  V  B  C  N
B  Ö  X  J  D  J  E  E  P  I  V  K  J  O  H  O
O  J  R  G  J  D  R  N  Í  F  F  O  K  L  P  N
C  F  H  X  K  T  Ð  N  H  D  U  W  A  L  X  F
W  Ð  M  R  P  O  W  T  R  A  V  S  T  I  L  L
N  A  W  E  I  L  O  X  F  A  I  C  V  B  W  Þ
```

SÚR	MORGUNN
BITUR	MALA
ILMUR	SVART
DRYKKUR	UPPRUNA
KOFFÍN	VERÐ
RJÓMA	BRENNT
VATN	BRAGÐ
SÍA	SYKUR
MJÓLK	BOLLI
FLJÓTANDI	FJÖLBREYTNI

71 - Antarctique

```
C T T X R T W H U I Þ P I V W L
Á D C O Y B M I I V I Z Ð Í M A
M L L O K B L T S J C I Y S Í N
O V F Þ A O L A B Z Þ A Ð I L D
S J Z U P K M S J O J W S N Þ S
F K L Ð N T T T S K A G I D X L
I M Ð Z T N G I V R Ð L A L V A
L R R V A E I G Q O X M C E F G
H J M C V F L Ó I L R A L G U F
Z V R A N N S Ó K N I R U T F V
E S A B G S J K V E R N D U N J
J Y H L F S T E I N E F N I I K
P K J S I F R E V H M U T D H F
S C F A O R L A N D A F R Æ Ð I
K O Y S R A L K Ö J M X Z M K C
Ý R U G N A Ð I E L K I V D Y L
```

FLÓI	JÖKLAR
HVALIR	EYJAR
RANNSÓKNIR	STEINEFNI
VERNDUN	SKÝ
ÁLFUNNI	FUGLAR
VATN	SKAGI
UMHVERFI	ROCKY
LEIÐANGUR	VÍSINDLEGT
LANDAFRÆÐI	HITASTIG
ÍS	LANDSLAG

72 - Professions #2

```
R A N N S Ó K N I R M T A M E D
H V A D N A K A S N N A R J I B
R I N K Æ L Ð R U K S N U B N S
H U C D B E R U A T Þ N P U K E
W Z Ð V P A U Z L D Q L G Þ A E
I D N A F E G T Ú R B Æ E X S T
L J Ó S M Y N D A R I K I I P L
X U F Þ Þ A I V S C N N M F Æ B
T K J B S E Ð W Þ Z K I F L J Ó
H S K M A Q Æ A B R Æ E A U A N
G F E L M V R L L D L Ð R G R D
P Q N I Z Y F J Z B L O I M A I
K X N Ð F D K M Á L A R I A H H
E O A H Þ I R A N K I E T Ð F T
W C R O S S E F Ó R P Y H U N E
W S I N Y O V L B D C B M R T S
```

BÓNDI   TEIKNARI
GEIMFARI   VERKFRÆÐINGUR
RANNSÓKNIR   BLAÐAMAÐUR
SKURÐLÆKNIR   LÆKNI
TANNLÆKNI   MÁLARI
EINKASPÆJARA   LJÓSMYNDARI
RANNSAKANDA   FLUGMAÐUR
KENNARI   PRÓFESSOR
ÚTGEFANDI

73 - Les Abeilles

```
D Q V G S H F Y R S G V Y I H W
R U I Þ Ð U A R T S M Ó L B N U
O C S G S N C X J R T V Y U I R
T S T A X A V B M Ó L B Æ R I Ð
T F K R M N Q I O J K N X N C Ð
N B E Ð B G M A T U R O Ð A G I
I B R U T N Ö L P G X S R M F I
N C F R U K Y E R E X K J N N O
G E I Ð Æ V S Ú B L Q O W V M R
F J Ö L B R E Y T N I R J L V K
Á V Ö X T U R Ð Ð G O D K V I K
T M H Þ F V Y E H A A Ý E V E F
H D N D D T K P Q G Ð R N D B V
B Ý F L U G N A B Ú Ð Þ N I O W
U V J Ó N N T Y S W Y U V I D X
I C P S X I P L D K Y T Ð G I F
```

VÆNGI	BÚSVÆÐI
GAGNLEG	SKORDÝR
VAX	GARÐUR
FJÖLBREYTNI	HUNANG
KVIK	MATUR
VISTKERFI	PLÖNTUR
BLÓMSTRA	FRJÓKORN
BLÓM	DROTTNING
ÁVÖXTUR	BÝFLUGNABÚ
REYKUR	SÓL

74 - Santé et Bien Être #2

```
Y V D B W S U I F N O I L R W I
N Y F L I W E I Y C S Þ Í A C X
E V V V Z L V M Þ H Ú S F Q Z C
O R P Z K Q T Æ N K H H F D L T
U F F N Y Z V N J I A R Æ H G V
F Y Þ Ð Ó L B F B M R E R I U N
S A O O A Í R O L A K I A G R T
U T P P R F F U M K Ú N F Z J F
P A R Y N N R D E Í J L R O H X
H B G E Z S U Æ V L S Æ Æ Q C E
Ð W G N I R Æ N Ð Q S T Ð B M U
I N Í M A T Í V J I C I I L W S
O R K A D D U N U T I M S W Y I
H E I L B R I G Ð U R V Þ C D S
M A T A R L Y S T N D J T A H Z
Þ Y N G D S J Ú K D Ó M U R R P
```

OFNÆMI	SMITUN
LÍFFÆRAFRÆÐI	SJÚKDÓMUR
MATARLYST	NUDD
KALORÍA	NÆRING
LÍKAMI	ÞYNGD
OFÞORNUN	BATA
ORKA	HEILBRIGÐUR
ERFÐAFRÆÐI	BLÓÐ
SJÚKRAHÚS	STREITU
HREINLÆTI	VÍTAMÍN

75 - Conduite

```
E  K  Ð  N  A  L  G  E  R  G  Ö  L  L  Í  B  N
W  B  H  O  I  J  L  L  Í  B  U  R  Ö  V  I  I
N  D  M  M  D  M  Þ  N  Q  I  Y  G  Y  O  R  W
H  T  S  A  N  Ó  R  Y  T  K  U  Ö  D  G  T  Þ
L  Ð  I  R  A  T  T  Æ  H  M  D  N  E  R  G  N
I  B  Q  Þ  G  O  J  S  Q  E  V  G  K  G  Ð  I
R  N  C  Z  N  R  E  L  D  S  N  E  Y  T  I  D
U  S  E  J  A  H  U  M  F  E  R  Ð  I  R  Q  H
S  L  Y  S  G  J  G  A  S  B  H  Ð  O  U  X
M  D  K  X  F  Ó  K  D  Z  B  Í  R  E  K  D  Y
E  I  F  Y  E  L  Y  C  R  Ð  O  L  A  U  A  F
R  S  A  M  G  Ö  N  G  U  R  S  E  S  Ð  H  R
B  U  Q  K  K  I  Ð  F  I  O  U  R  M  K  I  V
O  L  E  Z  R  Ð  M  L  L  T  X  C  D  K  Ú  B
K  B  H  Y  N  S  I  I  T  Ó  B  V  E  W  L  R
P  H  Z  S  S  R  S  Ð  A  M  A  V  E  G  U  R
```

SLYS	MÓTORHJÓL
VÖRUBÍLL	GANGANDI
ELDSNEYTI	LÖGREGLAN
KORT	VEGUR
HÆTTA	ÖRYGGI
BREMSUR	UMFERÐ
BÍLSKÚR	SAMGÖNGUR
GAS	GÖNG
LEYFI	HRAÐI
MÓTOR	BÍLL

76 - Plantes

```
P  P  Þ  G  G  A  Y  K  Á  L  H  Þ  Q  O  V  Z
Y  B  E  R  W  R  I  Þ  V  B  S  K  B  S  N  J
L  P  X  Ó  K  A  Ð  Q  S  Þ  U  É  Q  A  Þ  T
P  S  Y  Ð  O  S  Æ  A  M  G  B  R  N  R  U  Þ
I  V  Y  U  Z  Y  R  L  S  X  T  Ð  G  U  N
S  D  S  R  M  E  F  O  Z  B  R  K  G  U  S  J
X  S  D  X  Y  Ð  A  L  N  Q  U  Ð  B  O  R  Q
K  A  K  T  U  S  S  F  Ð  B  Ð  N  L  K  U  E
S  M  D  Z  H  J  A  X  A  V  R  Q  Ó  T  V  S
S  O  S  V  M  G  R  B  I  K  A  V  M  R  M  Z
O  V  W  Þ  G  S  G  S  K  Ó  G  U  R  O  K  P
M  T  V  Þ  T  P  E  B  Z  L  N  N  J  A  U  D
W  V  K  J  O  E  L  Þ  O  Ð  M  N  B  Y  H  Þ
D  Q  D  J  Z  Z  B  Y  B  F  Y  Y  E  Ð  Q  Z
B  R  E  G  Z  P  B  A  M  B  U  S  R  H  Ð  V
M  P  Ð  W  W  E  T  N  G  R  Ó  T  B  Þ  J  O
```

TRÉ	SKÓGUR
BER	VAXA
BAMBUS	BAUN
GRASAFRÆÐI	GRAS
BUSH	GARÐUR
KAKTUS	IVY
ÁBURÐUR	MOSS
SM	KRÓNUBLAÐ
BLÓM	RÓT
FLORA	GRÓÐUR

77 - Ferme #2

```
Ð  J  K  R  O  P  V  B  F  B  H  U  I  M  G  T
B  Ó  N  D  I  Y  L  Y  G  R  Æ  N  M  E  T  I
Y  M  D  F  G  Ð  S  G  A  Q  O  U  D  Ý  R  Y
I  L  Y  T  Y  V  R  G  K  Ð  L  I  J  Ö  Z  D
R  L  J  I  X  U  T  I  E  V  Á  H  D  N  Þ  Ð
X  Z  S  N  X  Q  X  T  H  B  Q  T  L  D  Z  R
D  U  Ð  X  E  D  S  I  E  B  L  H  Q  Ö  I  D
M  M  Z  Y  N  R  V  E  J  Ý  Ð  A  R  M  Ð  C
E  J  L  R  G  Ý  V  V  B  F  K  A  M  S  Y  U
C  J  Q  V  I  D  S  H  Ð  L  M  U  M  B  R  E
M  A  T  U  R  A  E  B  R  U  T  X  Ö  V  Á  L
K  B  X  E  X  M  L  F  K  G  U  T  K  H  Þ  B
K  O  R  N  H  A  P  J  D  N  I  K  L  Ó  J  M
K  H  S  Y  K  L  É  V  R  A  T  T  Á  R  D  S
W  K  B  C  F  P  Ð  G  V  B  D  Z  Z  J  Q  B
S  W  W  B  U  P  Q  I  L  Ú  U  T  F  X  J  Q
```

LAMB	LAMADÝR
BÓNDI	GRÆNMETI
DÝR	KORN
HIRÐIR	KIND
HVEITI	MATUR
ÖND	BYGG
ÁVÖXTUR	ENGI
HLÖÐU	BÝFLUGNABÚ
ÁVEITU	DRÁTTARVÉL
MJÓLK	

78 - Temps

```
V E F R A M T Í Ð D G G N U W U
K I G E D Á H B Q G A T Ú N Í M
L E K M Á N U Ð U R N G A R T Z
U B D A G E L R Á G R Ó U Ð F H
K O H Ð L B V Q Y B A Q T R H S
K A Ð H R J Ð N Y Á R Y Ð T D B
U D I D I G E N E R O Q Þ K Q R
S N U B R Á Ð U M A K K U L K C
T E E O V M P G P T P S N I D C
U F Z I E J K R O U B A Ú Ö L D
N T Z S G T Z O Y G U Y N G K S
D I V I F Þ B M B U Ð R A I Þ E
W R Á Ð U R Z R S R E Þ Y L V K
A X F H B Æ U I B R K K E Y D O
E A Y D A G A T A L D X Þ P G U
L Y R S J Í C Z I K M P J Z E Z
```

ÁR	KLUKKA
ÁRLEGA	DAGUR
EFTIR	NÚNA
ÁÐUR	MORGUNN
BRÁÐUM	HÁDEGI
DAGATAL	MÍNÚTA
ÁRATUGUR	MÁNUÐUR
FRAMTÍÐ	NÓTT
KLUKKUSTUND	VIKA
Í GÆR	ÖLD

79 - Maison

```
B Y L V R L I G R E B R E H H G
H L S A H Ð K Ó Z B Q U V A U A
G A C T J P H L A M Þ Q X Þ R W
L G B A U X G F N Z T V B P Ð B
U K A Þ A Ð L M F O W C E K I T
G C Ú S Þ E U O A G A R Ð U R G
G B B S H R G T S Ð I B G D P I
A Í A Ú T G G T A P S J S A B R
T L I H R U I A K V E T A L N Ð
J S H D Q H R U Ó E M G U S H I
Ö K L L O O G R B G N N I R A N
L Ú O E L Y K L A G R V P L T G
D R F W X H Q W W V K A M U L U
Z J T P H V E V R Y Z G A Q C V
H Á A L O F T I N U D Q L Y M B
U K J S T L S E K N E S V R Ð D
```

KÚSTUR
BÓKASAFN
HERBERGI
ARINN
LYKLA
GIRÐING
ELDHÚS
STURTU
GLUGGI
BÍLSKÚR

HÁALOFTINU
GARÐUR
LAMPI
SPEGILL
VEGG
LOFT
HURÐ
GLUGGATJÖLD
GÓLFMOTTA
ÞAK

80 - Légumes

```
E S W J E H C E U W T R B V E N
B M A M M X F N Þ D X H Í Q E Ó
S K A L O T T L A U K U R N G L
H O A G Y D R S X A F M E I G Í
V J R Æ Ð J A G A P Æ N L A A F
Í G I U N Z E I U L Z P L R L S
T T P K K T P Z M L A B E T D P
L H P R M U S O B S R T S I I E
A C E Ú G S A D D N C Ó L H N R
U N V G Y Ð E L S P W R T O A G
K N S A S N E N G I F E R K F I
U S T E I N S E L J A K S E N L
R S P Í N A T A M Ó T S J P N K
H G N J W Ð R X B O Y A B R V Á
R G O R Q C L F O R T R T E Y L
O H H J Þ Ð B E M W F G Z J U W
```

HVÍTLAUKUR	SPÍNAT
ARTIHOKE	ENGIFER
EGGALDIN	NÆPA
SPERGILKÁL	LAUKUR
GULRÓT	ÓLÍF
SELLERÍ	STEINSELJA
SVEPPIR	PEA
GRASKER	RÆÐJA
GÚRKU	SALAT
SKALOTTLAUKUR	TÓMAT

81 - Famille

```
U  B  O  M  P  X  M  F  E  T  I  M  V  R  V  A
R  I  Ð  Ó  R  B  H  O  F  V  M  H  Ó  S  Y  M
U  F  N  F  I  A  S  P  I  Í  Ó  N  B  Ð  U  M
Ð  A  Ð  K  T  N  G  M  A  B  Ð  Z  V  A  I  V
A  C  X  Ð  S  O  Q  N  P  U  U  A  B  P  D  R
M  M  L  V  Y  K  B  R  I  R  R  Þ  L  S  N  I
N  S  M  Q  S  N  L  A  D  A  R  E  F  U  Æ  T
I  F  U  A  F  I  I  B  Z  R  O  Q  Þ  Þ  R  T
G  E  B  H  R  G  S  A  F  L  U  E  S  D  F  Ó
I  E  Ö  P  Æ  I  V  N  G  N  V  C  X  B  U  D
E  F  R  S  N  E  O  R  B  A  R  N  Æ  S  K  A
L  A  N  Q  K  Z  E  A  F  O  R  F  A  Ð  I  R
Ð  Ð  T  F  A  X  Þ  B  B  L  C  W  O  F  E  J
C  I  Z  X  G  V  V  B  A  U  F  I  L  U  N  K
V  R  Ð  Ð  Q  O  S  L  R  E  Ð  D  P  U  P  O
X  I  B  S  F  F  Z  O  N  O  Q  B  L  N  M  P
```

FORFAÐIR
BARNÆSKA
BARN
BÖRN
EIGINKONA
DÓTTIR
BRÓÐIR
AMMA
AFI
TVÍBURAR

EIGINMAÐUR
MÓÐUR
MÓÐIR
FRÆNDI
INGAR
BARNABARN
FAÐIR
SYSTIR
FRÆNKA

82 - Oiseaux

```
H K K S V N G L T G X L N K W B
R Þ C P Z O T D G M F O K J V A
Q V N A U W D W S Z M V C Ú Q G
Ð Ð E R B F L A M I N G O K U Y
D U H R U N A V S S Y G C L M X
W Ú N O Þ C B D T K J E A I T U
T H F W N O R E H J G P E N O V
A K E A X R U K U A G I P G U Ð
W T T Y V J K R Á K A H C U C H
H B O Z A T U U U Ö N D Y R A P
J Q O O A U A K R T Q G I C N E
Y K M Ð S Æ G R Ö M Ú Ö G B P L
T G F N D Z A O Þ E T R R B F I
M Á F U R H F T Y H X P T N C C
H V Ð W A R Á S Æ G A I W S E A
O B I N J V P A R F W I S X I N
```

ÖRN	MÖRGÆS
STRÚTUR	SPARROW
ÖND	MÁFUR
STORKUR	EGG
DÚFA	GÆS
KRÁKA	PEACOCK
GAUKUR	PÁFAGAUKUR
SVANUR	PELICAN
FLAMINGO	KJÚKLINGUR
HERON	TOUCAN

83 - Disciplines Scientifiques

```
V  L  E  C  L  S  Q  Þ  L  W  Y  B  Ð  V  Þ  L
É  Í  M  F  R  E  Á  D  T  Y  E  K  U  A  X  Í
L  F  Þ  V  N  L  X  L  H  G  D  Y  Y  R  H  F
M  F  Y  F  N  A  Y  C  F  I  B  V  X  M  P  E
E  R  Z  Z  F  S  F  V  X  R  Q  C  G  A  I  F
N  Æ  Z  C  Z  Q  L  R  I  G  Æ  X  Z  F  R  N
N  Ð  A  Z  S  Z  N  X  Æ  S  N  Ð  Þ  R  I  A
I  I  Ð  Æ  R  F  L  É  V  Ð  T  Q  I  Æ  Ð  F
M  Á  L  V  Í  S  I  N  D  I  I  F  B  Ð  Æ  R
S  T  J  Ö  R  N  U  F  R  Æ  Ð  I  R  I  R  Æ
L  Í  F  F  Æ  R  A  F  R  Æ  Ð  I  G  Æ  F  Ð
L  Í  F  E  Ð  L  I  S  F  R  Æ  Ð  I  K  Ð  I
T  A  U  G  A  F  R  Æ  Ð  I  X  E  Ð  Q  R  I
S  T  E  I  N  D  A  F  R  Æ  Ð  I  C  B  A  E
F  É  L  A  G  S  F  R  Æ  Ð  I  V  Z  L  J  F
G  R  A  S  A  F  R  Æ  Ð  I  Q  G  U  G  U  Þ
```

LÍFFÆRAFRÆÐI   VÉLFRÆÐI
STJÖRNUFRÆÐI   STEINDAFRÆÐI
LÍFEFNAFRÆÐI   TAUGAFRÆÐI
LÍFFRÆÐI   LÍFEÐLISFRÆÐI
GRASAFRÆÐI   SÁLFRÆÐI
EFNAFRÆÐI   VÉLMENNI
VISTFRÆÐI   FÉLAGSFRÆÐI
JARÐFRÆÐI   VARMAFRÆÐI
MÁLVÍSINDI

84 - Maladie

```
N Y C B R Á Ð Y C A C H Þ B M L
H E I L K E N N I R Y J C E J A
L Ð A S B I D C M F O V W I H N
C R L F O R Q B V G I H E N Q G
R E E C Z Æ G P B E B K N I F V
Ð F K Q W F M U G N U L Ð M K A
D Ð Ð E Y R I F A G L Ó B A M R
H E I L S A J D N U Z N I K T A
I M L Z M N G O N R Z Æ K Í N N
D H L J B U R Y A A P M O L B D
U H J Þ X D F A Ð Þ T I P O J I
Þ K P A Z N L S Í Þ Ð I K B R D
K V I Ð R Ö K O L O L U M B A R
O W I Y S T R F L D M M U S S T
C P F C V B A H E V O F N Æ M I
Þ G P A A L L I V K A G U A T M
```

KVIÐ
BRÁÐ
OFNÆMI
VELLÍÐAN
LANGVARANDI
SMITANDI
LÍKAMI
HJARTA
VEIK
ARFGENGUR

ÓNÆMI
BÓLGA
LUMBAR
TAUGAKVILLA
BEIN
LUNGUM
ÖNDUNARFÆRI
HEILSA
HEILKENNI
MEÐFERÐ

85 - Univers

```
S  T  N  Þ  I  Ð  G  Y  R  B  Q  T  Ð  I  W  W
S  T  I  Ð  Æ  R  F  U  N  R  Ö  J  T  S  Q  J
Ó  S  J  X  Þ  F  Ð  R  A  E  A  U  T  X  X  M
L  M  H  Ó  H  O  S  X  P  I  Ð  Ð  Ð  O  C  I
S  Á  I  D  R  E  D  T  C  D  D  Q  R  Þ  J  Ð
T  S  M  W  U  N  B  L  Q  D  C  S  Q  A  U  B
Ö  T  I  E  K  L  M  H  I  M  N  E  T  I  J  A
Ð  I  N  Ð  R  Q  G  Á  L  T  H  K  B  U  I  U
U  R  N  L  Y  Z  O  N  L  G  N  U  T  I  S  G
R  N  Q  H  M  L  Y  S  J  Ó  N  A  U  K  I  U
O  I  X  N  G  M  Ð  X  R  A  L  W  Z  C  Q  R
R  W  Þ  L  Z  Q  O  J  A  L  L  A  H  O  B  Þ
S  P  O  R  B  R  A  U  T  L  Ó  S  F  S  A  P
D  Ý  R  I  R  Þ  Z  W  M  X  A  M  Y  M  L  R
L  P  K  E  N  Ð  S  Ý  N  L  E  G  T  I  K  K
L  E  N  G  D  A  R  G  R  Á  Ð  U  Y  C  X  U
```

SMÁSTIRNI	BREIDD
STJÖRNUFRÆÐI	LENGDARGRÁÐU
STJÓRNMÁL	TUNGL
HIMNETI	MYRKUR
HIMINN	SPORBRAUT
COSMIC	SÓL
MIÐBAUGUR	SÓLSTÖÐUR
GALAXY	SJÓNAUKI
JARÐAR	SÝNLEGT
HALLA	DÝRIR

86 - Géographie

```
Y  F  I  R  R  Á  Ð  A  S  V  Æ  Ð  I  H  T  Ð
Q  Z  M  I  Þ  D  I  N  N  U  F  L  Á  L  L  D
J  Q  D  Ð  A  H  Q  O  C  R  A  Ð  Y  H  Z  Z
X  V  G  G  X  Þ  Q  R  H  P  T  Þ  P  W  C  O
T  B  R  E  I  D  D  Ð  L  E  A  T  L  A  S  Z
Q  W  O  I  U  S  Þ  U  V  A  I  Ð  Æ  V  S  O
F  Þ  B  V  G  L  K  R  Q  P  N  M  S  V  H  T
R  I  V  E  R  Þ  C  F  V  O  G  D  U  L  P  P
A  G  M  L  K  F  K  H  K  E  A  L  O  R  S  J
Ð  X  T  Q  K  P  M  N  O  R  S  O  Z  D  C  H
R  H  A  F  V  Ð  V  A  R  Ð  I  T  Z  V  A  Ð
A  Ð  J  S  U  Ð  U  R  T  J  Q  C  U  H  Þ  U
J  N  Y  P  L  Æ  N  M  L  W  G  R  T  R  E  U
Q  Y  E  W  U  H  F  J  A  L  L  Þ  S  F  X  M
V  Ð  Þ  L  T  G  W  F  C  B  S  B  J  E  N  X
M  E  R  I  D  I  A  N  B  E  J  F  Ó  B  R  Þ
```

HÆÐ	HEIMUR
ATLAS	FJALL
KORT	NORÐUR
ÁLFUNNI	HAF
RIVER	VESTUR
JARÐAR	LAND
EYJA	SVÆÐI
BREIDD	SUÐUR
SJÓ	YFIRRÁÐASVÆÐI
MERIDIAN	BORG

87 - Bâtiments

```
B  S  O  J  I  U  Y  M  I  H  E  X  K  S  T  Í
X  Í  A  P  G  Y  R  A  B  L  Ð  H  U  E  J  B
K  F  L  F  X  X  O  T  G  Ö  P  I  X  N  A  Ú
V  H  S  S  N  M  T  V  J  Ð  D  O  K  D  L  Ð
I  Á  J  V  K  S  A  Ö  A  U  K  V  H  I  D  G
K  S  Ú  E  Y  Ú  V  R  H  Z  S  I  G  R  I  V
M  K  K  R  C  I  R  U  S  B  H  D  Ð  Á  Ð  C
Y  Ó  R  K  K  E  B  Ú  N  R  U  T  Ð  Æ  G
N  L  A  S  Z  M  S  Ú  H  N  Ð  T  B  M  T  F
D  I  H  M  M  Y  B  Ð  K  I  G  P  F  L  S  G
A  L  Ú  I  N  T  O  F  I  L  A  T  S  A  K  Z
H  F  S  Ð  T  H  Ó  T  E  L  O  Ð  L  F  R  O
Ú  Z  R  J  Z  O  N  Q  L  Ö  Ó  V  M  E  E  B
S  N  F  U  N  E  X  I  E  V  R  K  D  L  V  V
A  J  L  J  Q  Ð  R  T  K  D  E  T  S  K  R  Þ
H  B  A  P  Y  D  U  P  A  Þ  M  C  Z  C  X  W
```

SENDIRÁÐ	HÓTEL
ÍBÚÐ	SAFN
VERKSTÆÐI	OBSERVATORY
KLEFA	VÖLLINN
KASTALI	MATVÖRUBÚÐ
KVIKMYNDAHÚS	TJALD
SKÓLI	LEIKHÚS
BÍLSKÚR	TURN
HLÖÐU	HÁSKÓLI
SJÚKRAHÚS	VERKSMIÐJU

88 - Activités et Loisirs

```
B  V  T  Þ  Þ  G  K  S  B  A  Y  T  K  J  G  E
L  D  L  M  E  O  X  Ö  U  G  F  Y  G  T  Ö  T
F  Ó  T  B  O  L  T  I  F  N  J  T  N  R  N  A
Ú  B  S  S  Y  Á  H  T  Ð  U  D  T  Q  U  G  F
T  J  I  U  O  M  N  L  Q  P  N  K  J  T  U  S
J  A  L  J  R  A  E  O  T  E  N  N  I  S  F  L
Æ  Y  S  K  J  G  F  B  V  O  U  M  T  K  E  A
Ð  I  V  D  R  U  A  U  K  H  F  Á  L  A  R  P
A  Ð  G  G  E  H  L  F  G  N  O  L  O  P  Ð  P
Þ  I  L  Z  K  Á  E  R  Y  T  Q  V  B  P  I  A
V  E  R  S  L  A  I  Ö  G  G  D  E  A  A  R  N
K  V  P  A  E  E  K  K  D  O  Y  R  N  K  P  D
R  Z  K  Z  C  G  A  A  O  K  L  K  F  O  X  I
Z  Ð  M  E  Y  I  R  L  L  L  G  F  A  Y  M  G
F  E  R  Ð  A  S  T  B  V  R  J  N  H  Q  Þ  B
B  R  T  G  A  R  Ð  Y  R  K  J  A  W  X  Ð  Y
```

VERSLA	SUND
LIST	ÁHUGAMÁL
HAFNABOLTI	MÁLVERK
KÖRFUBOLTI	VEIÐI
HNEFALEIKAR	KÖFUN
ÚTJÆÐA	GÖNGUFERÐIR
KAPPAKSTUR	AFSLAPPANDI
FÓTBOLTI	TENNIS
GOLF	BLAK
GARÐYRKJA	FERÐAST

89 - Livres

```
S  H  A  P  Þ  G  R  Z  B  Y  R  Y  D  I  I  W
S  K  C  G  D  Þ  A  U  W  Y  Ö  G  E  P  I  C
Ö  Þ  R  U  D  N  U  F  Ö  H  Ð  F  V  L  R  S
G  K  U  I  D  N  A  G  I  E  Ð  I  V  N  Ý  A
U  W  M  U  F  A  A  M  X  A  M  Ð  H  X  T  F
M  F  A  L  Ð  A  T  N  N  E  M  K  Ó  B  N  N
A  Ð  S  Q  Z  O  Ð  Ó  J  L  L  R  S  G  I  S
Ð  I  N  S  W  Q  P  O  B  Z  I  G  Y  C  V  A
U  U  A  S  Í  H  Ö  R  M  U  L  E  G  A  Æ  M
R  U  M  Z  Ö  Ð  N  Þ  F  K  G  N  N  E  S  H
Z  H  A  E  Ð  G  A  G  A  S  D  L  Á  K  S  E
O  P  G  E  L  M  U  R  F  T  Z  V  F  H  Y  N
E  H  P  V  G  H  I  L  Ð  E  Í  V  T  J  X  G
J  B  Q  I  D  N  A  S  E  L  S  A  G  A  U  I
A  B  J  N  H  L  E  M  Þ  G  D  W  Ð  S  L  N
M  E  Y  X  W  J  M  O  E  Z  T  R  V  B  W  S
```

HÖFUNDUR	FRUMLEG
ÆVINTÝRI	LESANDI
SAFN	BÓKMENNTA
SAMHENGI	SÖGUMAÐUR
TVÍEÐLI	SÍÐA
SKRIFAÐ	VIÐEIGANDI
EPIC	LJÓÐ
SAGA	SKÁLDSAGA
SÖGULEGT	RÖÐ
GAMANSAMUR	HÖRMULEGA

90 - Pays #2

```
K D P W F H E S S J N T X I Ú L
Þ E T Q N Z I G S G M S X N K S
B D N A L S S Ú R J Y K Ú D R V
N V O Í M M M E X Í K Ó G Ó A C
M U N Q A Í L A M Ó S O A N Í V
D Q A R N Í Í Ð X C O L N E N G
A Þ B O Í Y N R X Ð A S D S A J
N X Í Q K A D A L O L W A Í Y A
M Ð L P C K K V B A N A P A J M
Ö O N A S M E L G L N R Ð S G A
R G S K Ú R U Z W T A D S Ý O Í
K H L I D N A L K K A R F R T K
Q A G S A L S G Q O W T Þ L I A
W Í K T N X I M T H A I B A Z Q
Ð T H A J X O Z M O R Y W N K Ð
U Í C N O Y Þ K I X L L W D B W
```

ALBANÍA	LAOS
KÍNA	LÍBANON
DANMÖRK	MEXÍKÓ
FRAKKLAND	ÚGANDA
HAÍTÍ	PAKISTAN
INDÓNESÍA	RÚSSLAND
ÍRLAND	SÓMALÍA
JAMAÍKA	SÚDAN
JAPAN	SÝRLAND
KENÍA	ÚKRAÍNA

91 - Fournitures d'Art

```
P  V  S  X  J  H  G  T  D  I  I  W  H  V  A  V
U  X  T  G  Q  W  S  R  N  U  P  Ö  K  S  Í  F
Þ  Ð  R  O  B  Z  S  T  B  J  A  L  S  Æ  L  G
U  S  O  B  D  I  L  G  Ó  G  S  K  I  D  O  X
Q  C  K  H  K  V  L  O  K  L  T  M  Z  M  Z  F
G  B  L  V  V  C  E  A  E  É  E  W  I  E  S  N
Q  P  E  P  U  Z  I  D  X  V  L  D  B  L  E  K
Q  G  Ð  M  Þ  H  R  V  R  A  L  Ý  P  G  Þ  U
V  R  U  L  M  U  Ð  W  W  D  I  Z  R  H  I  U
Ð  A  R  J  N  G  V  R  M  N  T  B  Z  K  P  H
M  T  T  M  L  M  L  G  G  Y  I  T  I  L  A  B
Z  N  H  N  Í  Y  A  V  B  M  R  U  O  J  D  X
R  A  Q  W  M  N  V  A  T  N  S  L  I  T  I  R
B  Ý  Þ  T  W  D  O  P  A  P  P  Í  R  Y  T  B
L  L  Ð  E  J  I  K  Z  K  E  J  Z  X  P  T  Z
Y  B  R  I  X  R  A  T  S  R  U  B  F  D  Q  Y
```

AKRÝL   BLÝANTAR
VATNSLITIR   SKÖPUN
LEIR   VATN
BURSTAR   BLEK
MYNDAVÉL   STROKLEÐUR
STÓL   OLÍA
KOL   HUGMYNDIR
GLÆSLA   PAPPÍR
LÍM   PASTELLITIR
LITI   BORÐ

92 - Eau

```
G Y Y D J J N Ú S N O M T F V Í
X J Ð Z R Q B N Í R G B I E Ð S
Þ O B I E Y S N K J N B A L G E
G Z A V V U K I U M I T A L E D
H U H H I T N K R J N Q C I U Ð
G P F X R C H A J X G H V B S R
D Z S U C D A R L A I J Z Y Z Ð
M W B Ð Ó L F D Y X R A H L Y C
J Ð M K I S V F N D Ó H N U T M
Þ J C S W T S O R F J G Æ R W G
F Q Ð Q M U K Ö R Y N Ð A F U E
B Ð J V L R V D U X S N Y E T Y
Ö L D U R T X D C R L O I V I S
L A K E N U F U G P P U J G E I
G R Q B D Q W Z E O C Þ Ð M V R
Q D F T Q R M Þ Q Y P L O X Á Þ
```

SÍKUR	ÁVEITU
STURTU	LAKE
UPPGUFUN	MONSÚN
RIVER	SNJÓR
FROST	HAF
GEYSIR	FELLIBYLUR
ÍS	RIGNING
RÖKUM	DRYKKJARHÆFT
RAKI	ÖLDUR
FLÓÐ	GUFU

93 - Jazz

```
T  L  N  T  I  E  V  S  M  Ó  J  L  H  N  L  O
Ó  I  A  F  Ó  T  L  E  J  Q  B  Z  V  Ý  A  M
N  S  I  W  A  N  D  N  U  G  E  T  N  T  L  C
L  T  Ð  I  W  Y  L  G  T  E  R  C  W  T  Y  T
E  A  N  Q  C  E  Á  I  K  I  E  L  I  F  Æ  H
I  M  H  F  Q  E  K  E  S  T  A  K  T  U  R  S
K  A  P  C  Ð  K  S  S  R  T  Z  R  X  R  H  A
A  Ð  L  Z  C  D  N  C  P  R  Z  T  J  E  T  M
R  U  G  Æ  R  F  Ó  Z  N  B  X  M  L  P  Æ  S
P  R  G  A  F  Ð  T  T  G  Y  T  F  D  L  K  E
I  K  M  Z  L  V  C  N  P  T  I  H  S  Ö  N  T
E  F  T  I  R  L  Æ  T  I  S  T  Í  L  T  I  N
T  R  O  M  M  U  R  P  S  G  Q  N  R  U  E  I
C  R  M  F  P  D  M  Ð  H  Ó  N  A  H  A  Ð  N
T  Ð  I  C  O  S  P  U  N  I  L  L  A  M  A  G
Ð  A  R  V  R  F  E  R  J  C  K  Ó  M  I  D  Ð
```

PLÖTU	TÓNLIST
LISTAMAÐUR	NÝTT
FRÆGUR	HLJÓMSVEIT
LAG	TAKTUR
TÓNSKÁLD	SÓLÓ
SAMSETNING	STÍL
TÓNLEIKAR	HÆFILEIKI
EFTIRLÆTI	TROMMUR
TEGUND	TÆKNI
SPUNI	GAMALL

94 - Paysages

```
F E U K B J Þ Þ T F Ð U E B S D
W J M U V H L L U K Ö J O Ð O L
Ð V A J O P O I N A V S O L R R
X Z J R U L A D D V O J E U W L
H E Y E A L Þ G R E B S Í H Z O
C S E V T A G R A C Þ Z W V C J
E A Ð I P J E L D F J A L L W C
A O V R L F M R V V D C A L X S
Z M I S N L V E Y Z Z T K V R B
M R A F S F E V E Y Ð I M Ö R K
M Ý R I J Ð O H P M C S R T B S
S T R T Ó G J S Ó R Á K N D I S
V I N N C K Ð O S K Z A C R H F
V A J F M Y U G Ð K R G R A Æ C
P S T Ö Ð U V A T N P I L H Ð C
B F C C F P C W D G Z Y H Z V L
```

FOSS	STÖÐUVATN
HÆÐ	MÝRI
EYÐIMÖRK	SJÓ
ÁRÓS	FJALL
RIVER	VIN
GOSHVER	SKAGI
JÖKULL	FJARA
HELLI	TUNDRA
ÍSBERG	DALUR
EYJA	ELDFJALL

95 - Pays #1

```
P A D A N A K J C F S X Y I O R
N Ó R O D A V K E I Ð P J C D Ú
O T L G K J Z I S N V Y Á G N M
R O E L E Z L U D N A L D N I E
E W A M A N A P Í L A M V A N N
G A R P C N T A N A V Ð Z T F Í
U V S H Q Z D Í G N G W X S I A
R Z Í L Í B Ý A N D A D C I I L
M A R O K K Ó M H A R Í M N P E
F F U L I J M T F I A T S A G Ú
M G Ð W N G W U G V K A I G Y S
Þ Ý S K A L A N D E Í L B F V E
I Þ Q U C A T F L U N Í D A U N
O I Þ E S D Ð F H T W A C X S E
Þ K F Y I T Ð J A D Þ H U Ð T V
B R A S I L Í A Q Þ A P Q N Y X
```

AFGANISTAN
ÞÝSKALAND
ARGENTÍNA
BRASILÍA
KANADA
SPÁNN
EKVADOR
FINNLAND
INDLAND
ÍSRAEL

ÍTALÍA
LÍBÝA
MALÍ
MAROKKÓ
NÍKARAGVA
NOREGUR
PANAMA
PÓLLAND
RÚMENÍA
VENESÚELA

96 - Nombres

```
Á  E  B  Z  F  L  Ó  T  A  F  E  W  R  H  K  Y
C  T  A  Y  I  Þ  S  E  X  F  G  Z  H  H  M  P
Þ  N  J  U  M  E  R  U  G  U  T  T  U  T  D  A
X  R  F  Á  M  V  Þ  Í  K  D  A  U  U  L  W  J
N  N  T  I  N  Y  D  N  R  I  E  V  T  W  Y  G
F  J  Ó  R  I  R  R  O  E  Y  T  X  U  U  M  Z
T  I  R  V  Þ  N  Á  T  T  E  R  Þ  K  X  B  C
F  J  Ó  R  T  Á  N  Á  T  M  M  I  F  Ð  V  W
D  S  T  A  T  T  N  Ú  L  L  G  L  Á  K  V  Q
L  P  A  U  Z  X  S  A  U  T  J  Á  N  T  X  P
N  Q  Y  K  F  E  V  Ð  Í  G  Þ  N  Á  I  T  K
S  J  Ö  A  D  S  Q  B  T  P  I  E  J  L  N  A
M  X  M  S  Z  A  K  S  E  R  P  M  T  O  I  C
D  F  X  T  A  Y  Z  P  Q  Þ  V  N  Í  H  I  T
J  T  D  A  M  B  X  S  X  O  W  Ð  N  G  G  Q
S  I  O  F  Ð  R  Y  S  K  C  B  Þ  G  D  D  R
```

FIMM	FJÓRTÁN
TVEIR	FJÓRIR
AUKASTAF	FIMMTÁN
TÍU	SEXTÁN
ÁTJÁN	SJÖ
NÍTJÁN	SEX
SAUTJÁN	ÞRETTÁN
TÓLF	ÞRÍR
ÁTTA	TUTTUGU
NÍU	NÚLL

97 - Nature

```
K S I J T B J R I S T Þ J Þ U X
V V G P T B L A G E F P F S K H
W A I R Z Ð B Y G R U G Ó K S E
F D T K G Y Q M P E A F D Ý A L
A R U G U L F Ý B N V Þ Ý P Q G
J Ð I M F D T T R E V I R Q R I
H L L Ð F E G U R Ð F Ð L O O D
Z T S S K I H X Z K Ð M L F Ó
X Z C E H Æ W H I I O Y Y E T M
H E L B I R L A C I P O R T Þ U
Ð K Q A D O O T G E L F Í L O R
J Ö K U L L Ó J K S Y U S H K A
E Y Ð I M Ö R K Ð M I M T I A R
R G J T S A R K T Í S K U R Þ N
U C N Þ Þ Q I Q I V J Q F H L U
E B G F L E J Ð I K S P W L I Q
```

BÝFLUGUR	RIVER
SKJÓL	SKÓGUR
DÝR	JÖKULL
ARKTÍSKUR	SKÝ
FEGURÐ	FRIÐSÆLT
ÞOKA	HELGIDÓMUR
EYÐIMÖRK	VILLT
KVIK	SERENE
ROF	TROPICAL
SM	LÍFLEGT

98 - Chimie

```
B  R  M  X  O  L  K  L  Ó  R  Ú  S  I  Ð  H  U
Þ  Y  Þ  X  I  C  Q  O  G  I  T  S  A  T  I  H
J  O  A  B  X  X  J  T  D  H  V  A  T  I  T  Ð
Ð  B  F  T  Q  M  U  X  Ð  Z  K  R  R  N  A  Y
F  L  J  Ó  T  A  N  D  I  Þ  R  Ý  D  F  Ó  R
K  G  Q  U  L  M  I  V  R  W  P  S  E  E  R  J
J  Y  Ð  R  A  L  F  O  Þ  B  Q  A  N  L  A  Ð
A  K  U  E  S  Á  R  J  B  Y  I  G  S  O  F  S
R  W  G  F  Ú  M  E  M  Z  B  N  C  Í  K  E  O
N  Þ  U  I  R  J  K  A  B  Ð  T  G  M  E  I  Y
O  D  T  E  E  I  U  I  W  O  E  Y  D  R  N  M
R  Þ  Z  D  F  Ð  T  L  A  Z  V  K  V  J  D  J
K  V  A  I  N  Q  O  X  U  V  G  D  N  Z  O  I
U  Q  V  D  I  H  L  Q  Y  C  O  Q  H  N  O  A
M  G  Q  E  S  A  M  E  I  N  D  F  Ð  K  E  H
C  Ð  N  T  A  O  V  U  T  Þ  T  H  E  S  X  G
```

SÝRA	VETNI
SÚR	JÓN
LOTUKERFINU	FLJÓTANDI
KOLEFNI	MÁLMA
HVATI	SAMEIND
HITA	KJARNORKU
KLÓR	SÚREFNI
ENSÍM	ÞYNGD
RAFEIND	SALT
GAS	HITASTIG

99 - Bateaux

```
A W Z A B J T Y S A Á J U C N F
K V K H J J Q I J B P H R P T E
K Q Þ X T G Z H Ó O H D Ö V K R
E Ð W M Ð T J K M S J Y J F Ó J
R U D L Ö C U N A Z Ð H F Y N A
I Q Y X R R P B N I G Q A V A S
U U C I K E L F N D S Þ V F K J
Z N Ð X A I N T A V U Ð Ö T S Ó
F X L G J P J Z E C T I G Þ X M
C O Y Q A I D L Q X E T Y L Y A
B K K Y K T X Z Þ Ð B E L R S Ð
B P P Þ B Z R Q I Y P K R U S U
G U M Z A A S N E K K J U T J R
F Q I U T R U T Á B L G E S Ó J
Þ Y X P Þ R Y I Ð H É Z B A T N
U T L U L T H V R I V E R M L F
```

AKKERI	SJÓMAÐUR
BAU	MASTUR
KANÓ	SJÓ
REIPI	VÉL
ÁHÖFN	SJÓMANNA
FERJA	HAF
RIVER	FLEKI
KAJAK	ÖLDUR
STÖÐUVATN	SEGLBÁTUR
FJÖRU	SNEKKJU

100 - Mesures

```
B R G O X Ð A I Z N E V K M N T
B R T E M I T N E S J B Í E J Z
S K E L S Þ O C F M E E L S S G
F J Ð I I Q G V A V T E Ó S A W
S T P Ý D G N E L Ð O N M I A R
B M A I R D Ú N S A M N E B U C
U X Z W Y D G N Y Þ M Q T Þ K F
F B M W W Þ E O J H U J R P A D
L Í T R I B T T L J Æ G A P S Y
U Z M M A R G V H S S Ð T D T H
D R G Æ R Þ K U U A P C Ú T A K
V I R X L M B Æ T I Þ Z N F F R
K Í L Ó Y I D J V Ð B F Í Ð A C
L G A Ð P N R G R Á Ð A M Z E N
G J L F L D U Q W G B I N D I R
B D Þ E S R X P X X Z V H Z P Y
```

SENTIMETR	MESSI
GRÁÐA	MÆLIR
AUKASTAF	MÍNÚTA
GRAMM	BÆTI
HÆÐ	ÚNSA
KÍLÓ	ÞYNGD
KÍLÓMETRA	TOMMU
BREIDD	DÝPT
LÍTRI	TONN
LENGD	BINDI

1 - Adjectifs #2

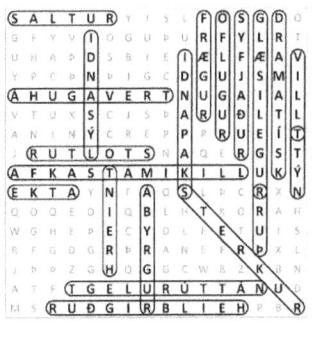

2 - Formes

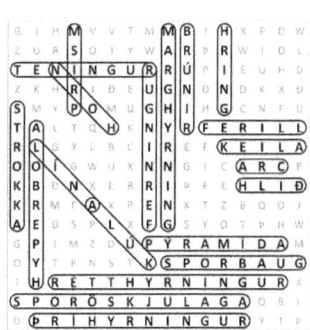

3 - Force et Gravité

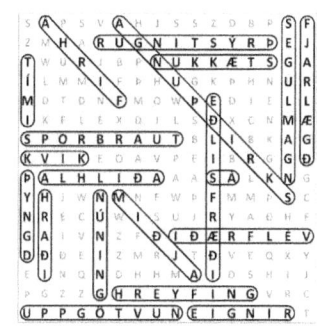

4 - Adjectifs #1

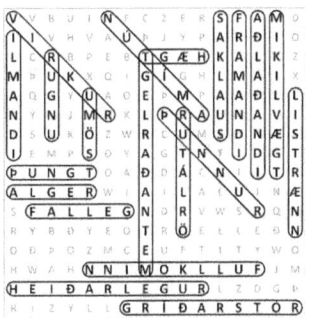

5 - Instruments de Musique

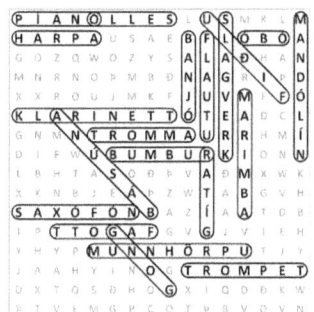

6 - Échecs

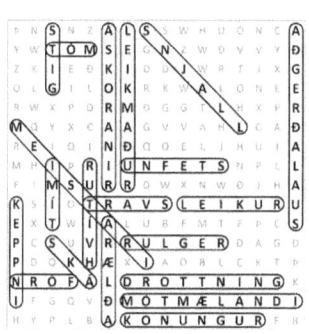

7 - Herboristerie

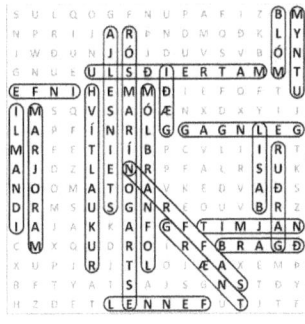

8 - Photographie

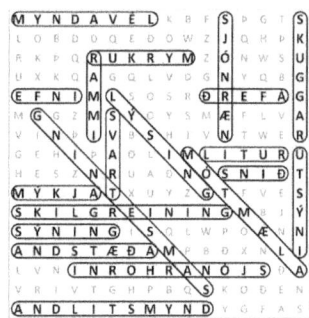

9 - Véhicules

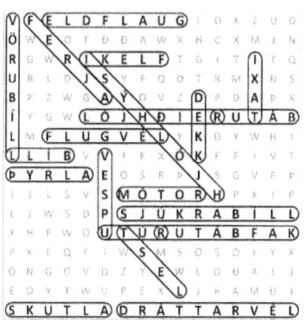

10 - Camping

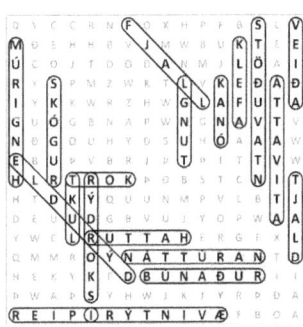

11 - Géométrie

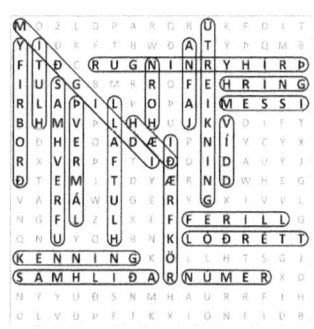

12 - Les Médias

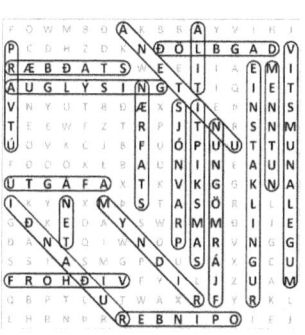

13 - Diplomatie

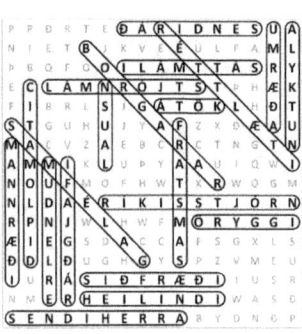

14 - Électricité

15 - Astronomie

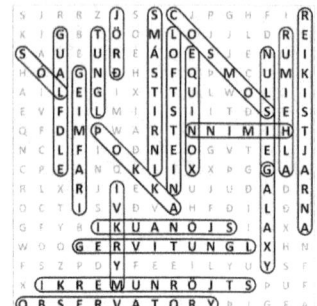

16 - Physique

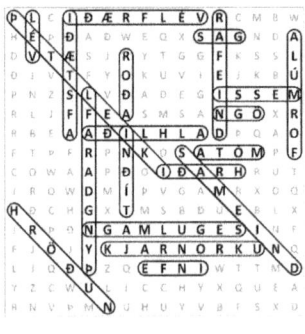

17 - Types de Cheveux

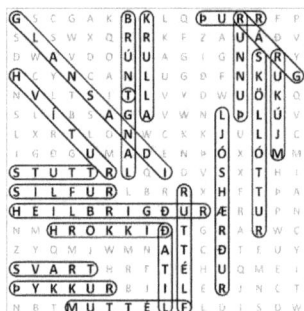

18 - Archéologie

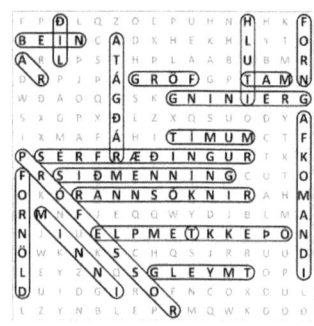

19 - Mammifères

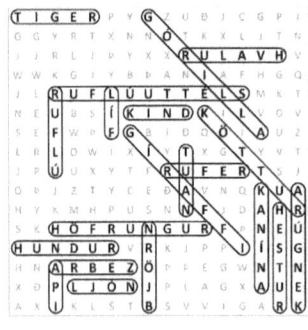

20 - Chocolat

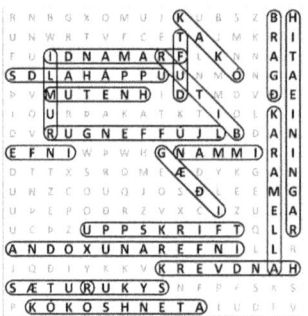

21 - Mathématiques

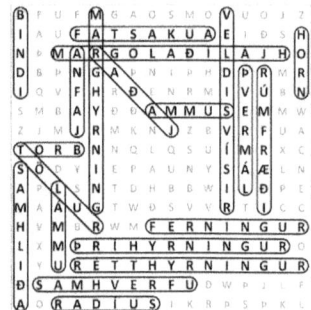

22 - Sport

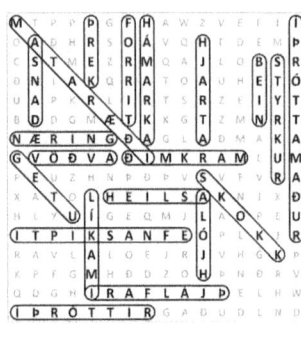

23 - Mythologie

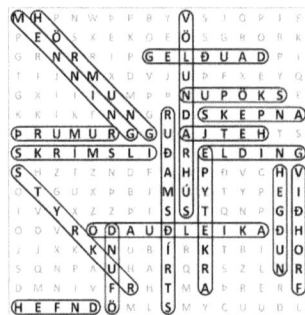

24 - Restaurant #2

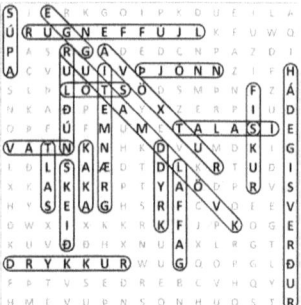

25 - Beauté

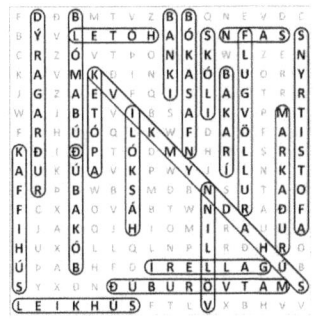

26 - Avions

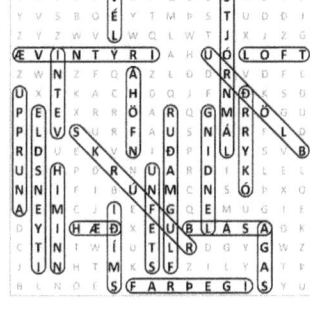

27 - Aventure

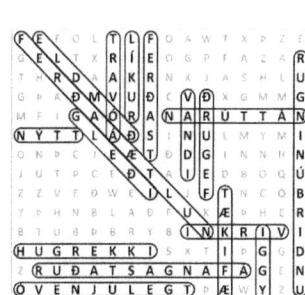

28 - Ville

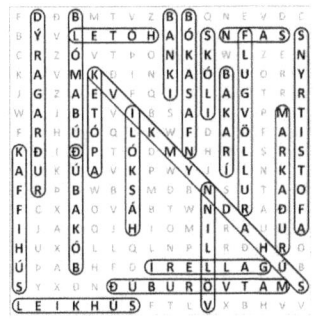

29 - Ingénierie

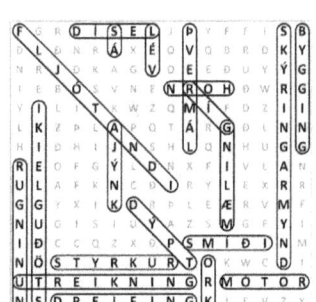

30 - Énergie

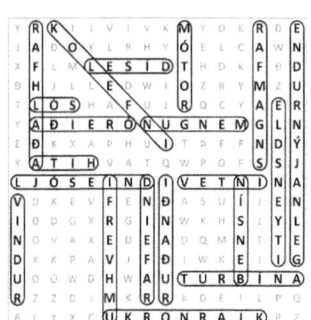

31 - Cuisine

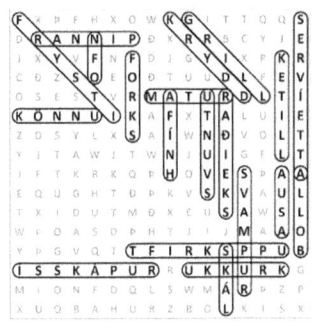

32 - Corps Humain

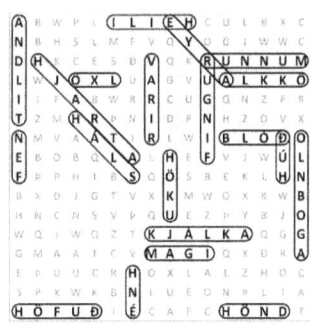

33 - Biologie

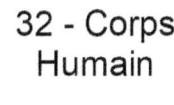

34 - Épices

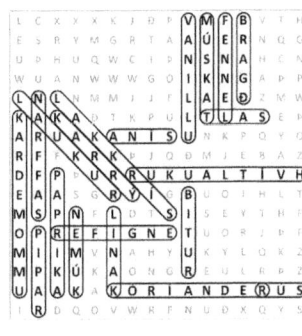

35 - Agronomie

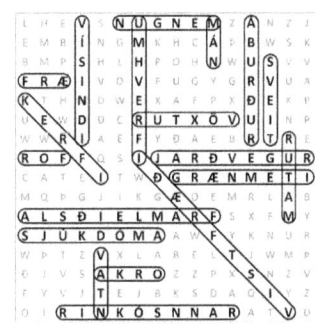

36 - Vêtements

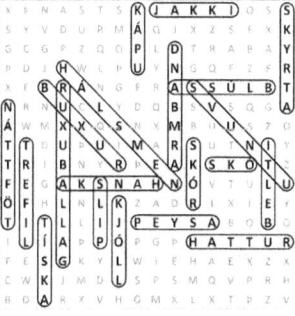

37 - Arts Visuels

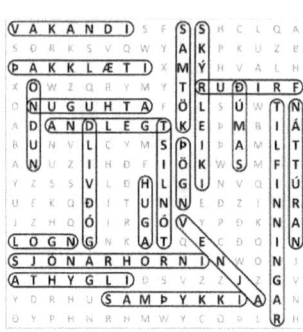

38 - Méditation

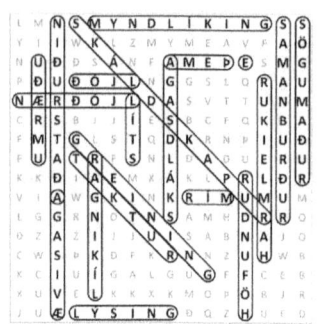

39 - Littérature

40 - Nourriture #1

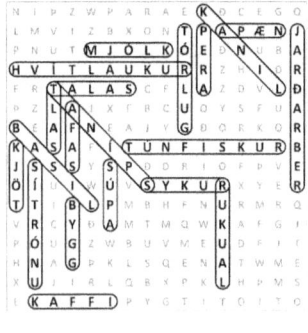

41 - Jours et Mois

42 - Jardinage

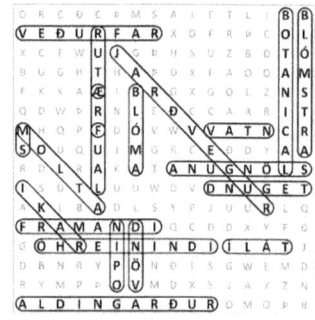

43 - Entreprise

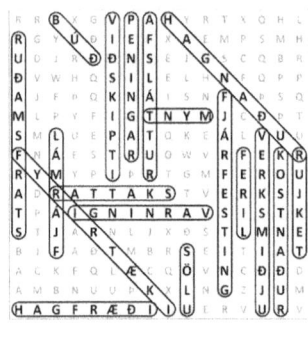

44 - Activités

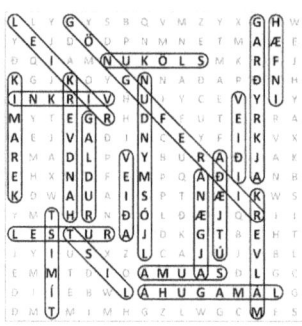
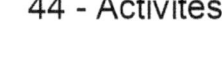

45 - Mode

46 - Fleurs

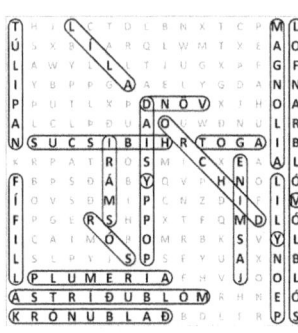

47 - Nourriture #2

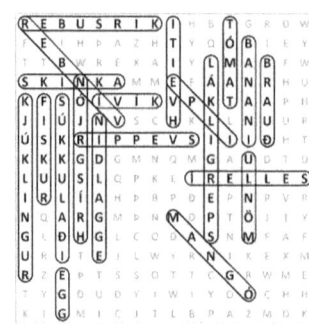
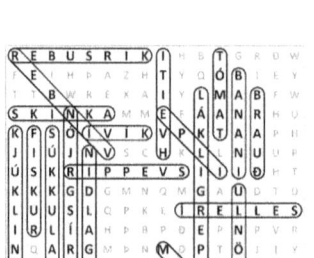

48 - Algèbre

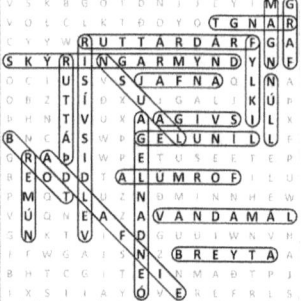

49 - Océan

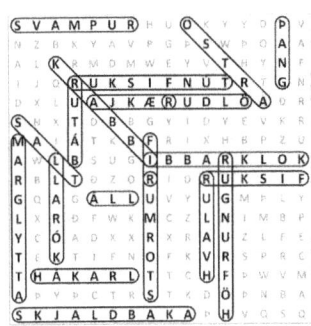

50 - Antiquités

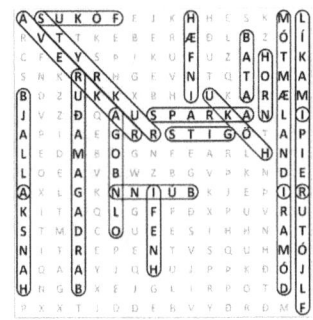

51 - Boxe

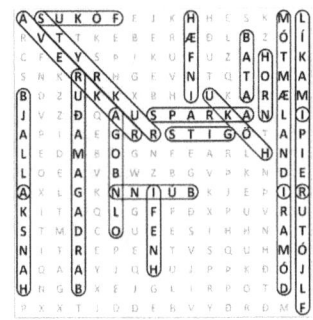

52 - Réchauffement Cli

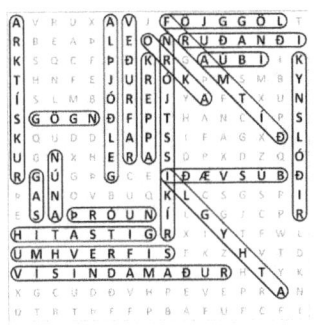

53 - Ballet

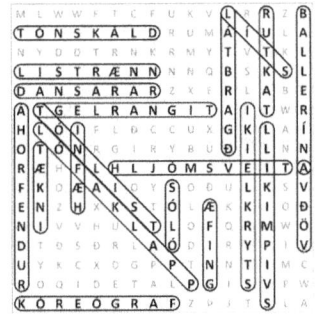

54 - Fruit

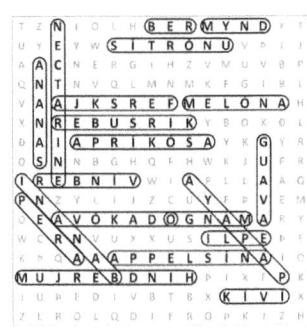

55 - Météo

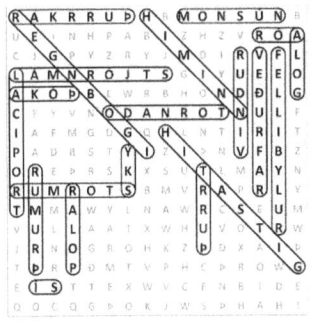

56 - L'Entreprise

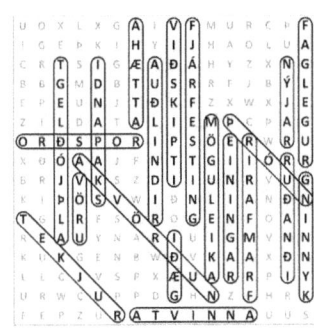

57 - Gouvernement

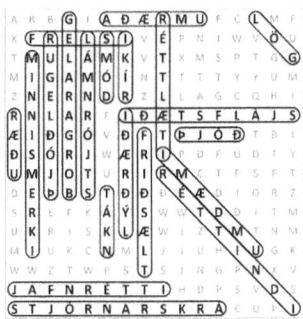

58 - Randonnée

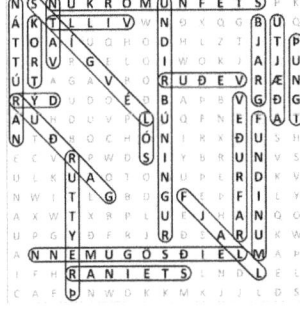

59 - Nutrition

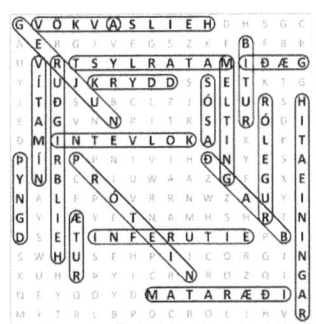

60 - Science Fiction

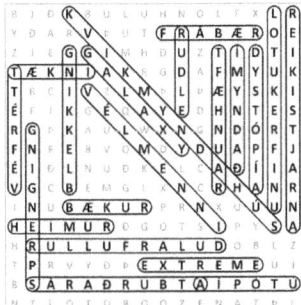

61 - Vertus #1

62 - Professions #1

63 - Géologie

64 - Jardin

65 - Santé et Bien Être #1

66 - Barbecues

67 - Forêt Tropicale

68 - Insectes

69 - Ferme #1

70 - Café

71 - Antarctique

72 - Professions #2

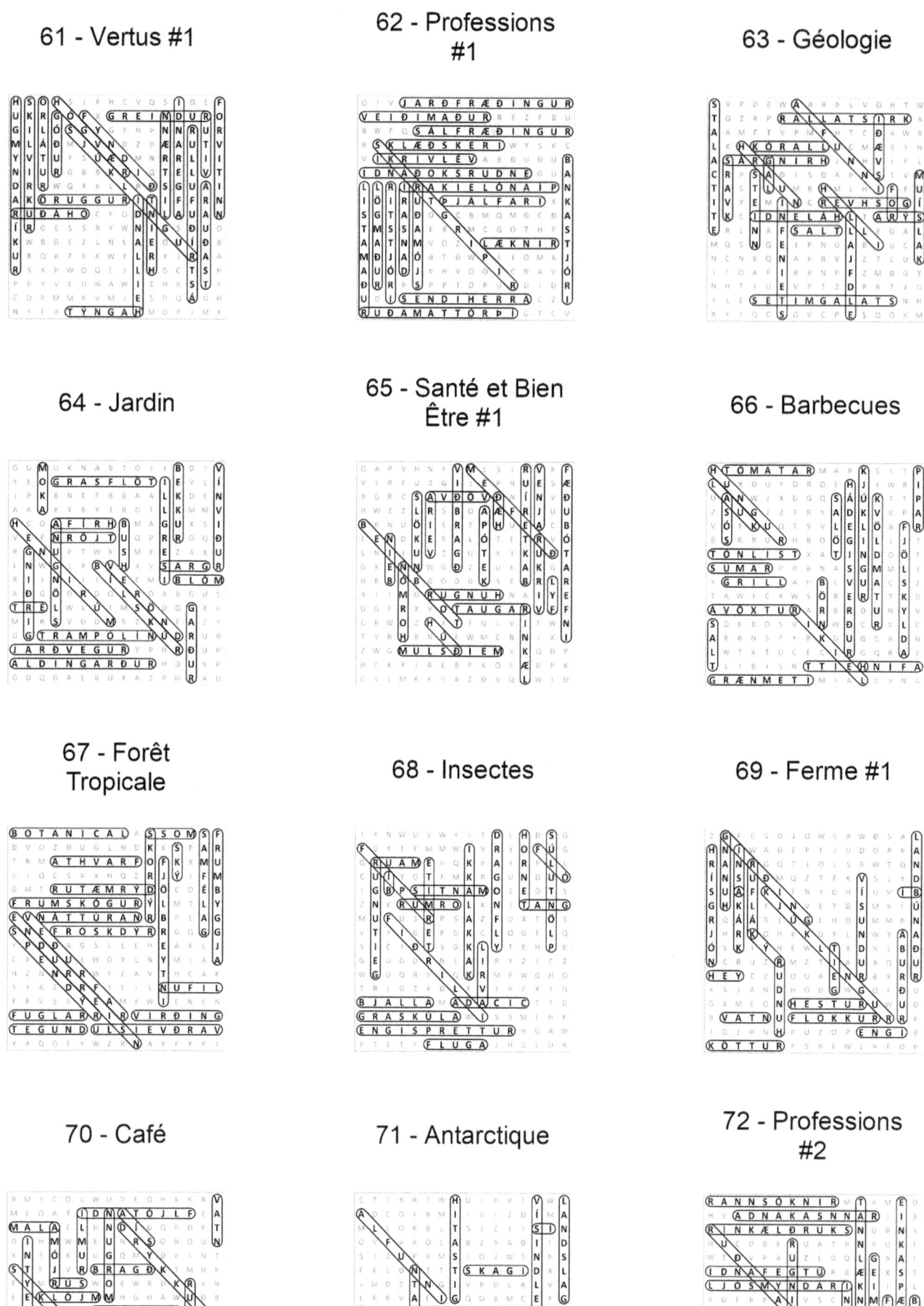

73 - Les Abeilles

74 - Santé et Bien Être #2

75 - Conduite

76 - Plantes

77 - Ferme #2

78 - Temps

79 - Maison

80 - Légumes

81 - Famille

82 - Oiseaux

83 - Disciplines Scientifiques

84 - Maladie

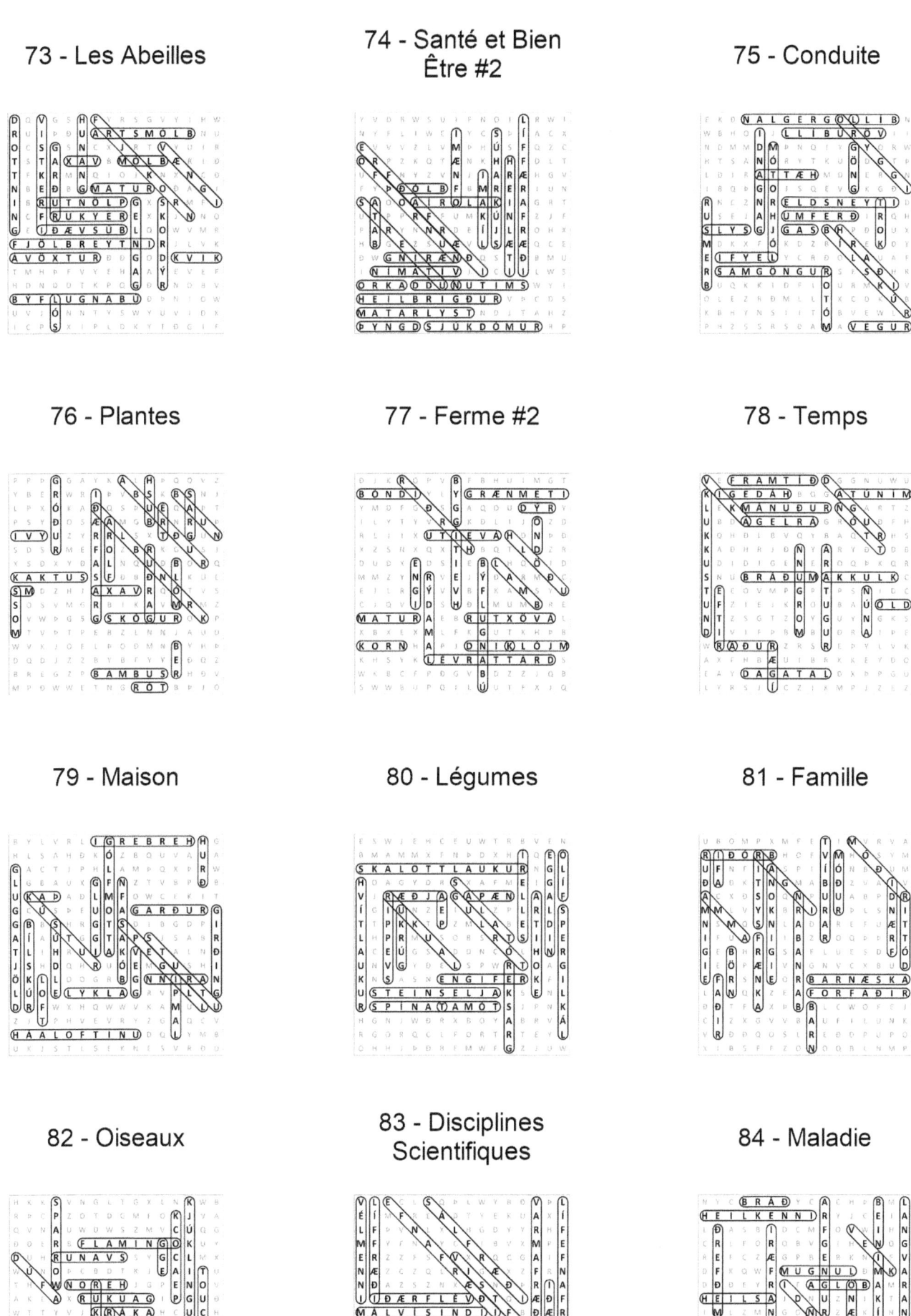

85 - Univers

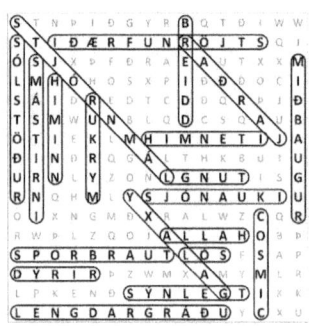

86 - Géographie

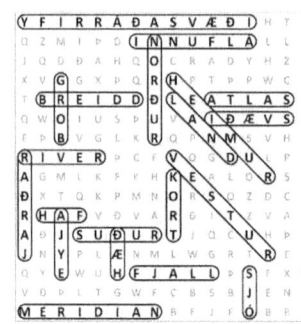

87 - Bâtiments

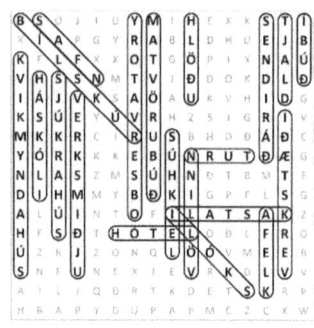

88 - Activités et Loisirs

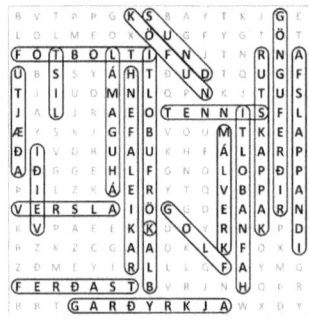

89 - Livres

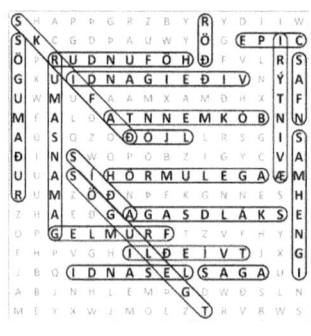

90 - Pays #2

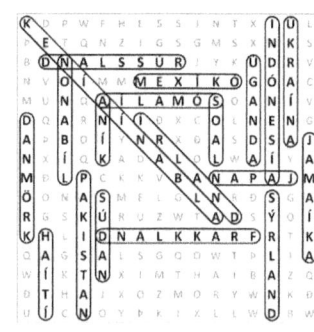

91 - Fournitures d'Art

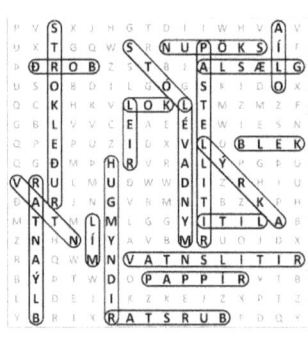

92 - Eau

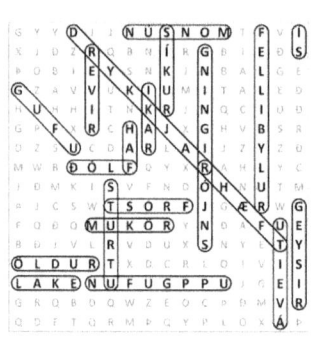

93 - Jazz

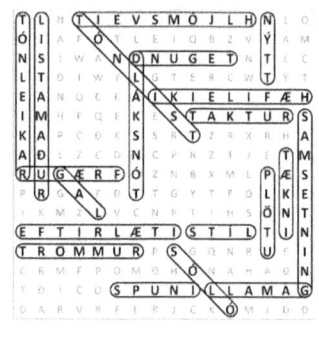

94 - Paysages

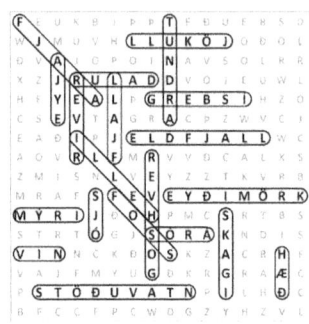

95 - Pays #1

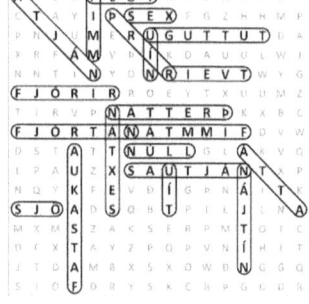

96 - Nombres

97 - Nature

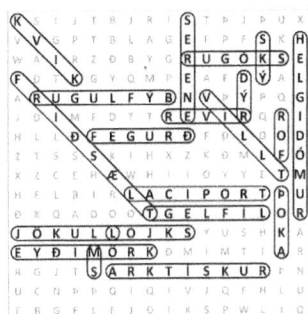

98 - Chimie

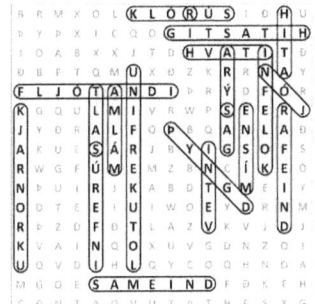

99 - Bateaux

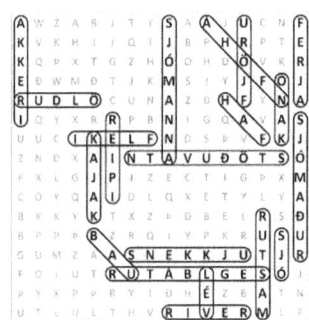

100 - Mesures

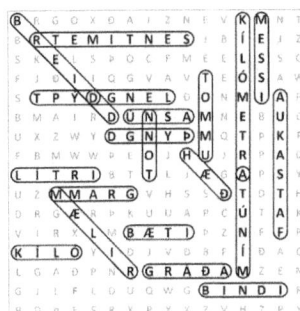

Dictionnaire

Activités
Starfsemi

Activité	Virkni
Art	List
Artisanat	Handverk
Camping	Útjæða
Céramique	Keramik
Chasse	Veiða
Compétence	Hæfni
Couture	Sauma
Intérêts	Áhugamál
Jardinage	Garðyrkja
Jeux	Leikir
Lecture	Lestur
Loisir	Tímist
Magie	Galdur
Peinture	Málverk
Pêche	Veiði
Photographie	Ljósmyndun
Plaisir	Ánægja
Randonnée	Gönguferðir
Relaxation	Slökun

Activités et Loisirs
Starfsemi og Tómstundir

Achats	Versla
Art	List
Base-Ball	Hafnabolti
Basket-Ball	Körfubolti
Boxe	Hnefaleikar
Camping	Útjæða
Course	Kappakstur
Football	Fótbolti
Golf	Golf
Jardinage	Garðyrkja
Nager	Sund
Passe-Temps	Áhugamál
Peinture	Málverk
Pêche	Veiði
Plongée	Köfun
Randonnée	Gönguferðir
Relaxant	Afslappandi
Tennis	Tennis
Volley-Ball	Blak
Voyage	Ferðast

Adjectifs #1
Lýsingarorð #1

Absolu	Alger
Actif	Virkur
Ambitieux	Metnaðarlegt
Aromatique	Ilmandi
Artistique	Listrænn
Attractif	Aðlaðandi
Beau	Falleg
Exotique	Framandi
Énorme	Gríðarstór
Généreux	Örlátur
Honnête	Heiðarlegur
Identique	Sömu
Important	Mikilvægt
Innocent	Saklaus
Jeune	Ungur
Lent	Hægt
Lourd	Þungt
Mince	Þunnur
Moderne	Nútíma
Parfait	Fullkominn

Adjectifs #2
Lýsingarorð #2

Authentique	Ekta
Célèbre	Frægur
Créatif	Skapandi
Descriptif	Lýsandi
Dramatique	Dramatísk
Élégant	Glæsilegur
Fier	Stoltur
Fort	Sterkur
Intéressant	Áhugavert
Naturel	Náttúrulegt
Nouveau	Nýtt
Productif	Afkastamikill
Puissant	Öflugur
Pur	Hreint
Responsable	Ábyrgur
Sain	Heilbrigður
Salé	Saltur
Sauvage	Villt
Sec	Þurr
Somnolent	Syfjaður

Agronomie
Jarðfræði

Agriculture	Landbúnaður
Croissance	Vöxtur
Eau	Vatn
Engrais	Áburður
Environnement	Umhverfi
Écologie	Vistfræði
Énergie	Orka
Érosion	Rof
Étude	Nám
Graines	Fræ
Légumes	Grænmeti
Maladies	Sjúkdóma
Nourriture	Matur
Pollution	Mengun
Production	Framleiðsla
Recherche	Rannsóknir
Rural	Sveit
Science	Vísindi
Sol	Jarðvegur
Systèmes	Kerfi

Algèbre
Algebru

Diagramme	Skýringarmynd
Exposant	Veldisvísir
Équation	Jafna
Facteur	Þáttur
Faux	Rangt
Formule	Formúla
Fraction	Brot
Graphique	Graf
Infini	Óendanlega
Linéaire	Línuleg
Matrice	Fylki
Nombre	Númer
Parenthèse	Sviga
Problème	Vandamál
Quantité	Magn
Simplifier	Einfalda
Solution	Lausn
Soustraction	Frádráttur
Variable	Breyta
Zéro	Núll

Antarctique
Suðurskautslandið

Baie	Flói
Baleines	Hvalir
Chercheur	Rannsóknir
Conservation	Verndun
Continent	Álfunni
Eau	Vatn
Environnement	Umhverfi
Expédition	Leiðangur
Géographie	Landafræði
Glace	Ís
Glaciers	Jöklar
Îles	Eyjar
Minéraux	Steinefni
Nuage	Ský
Oiseaux	Fuglar
Péninsule	Skagi
Rocheux	Rocky
Scientifique	Vísindlegt
Température	Hitastig
Topographie	Landslag

Antiquités
Fornminjar

Art	List
Authentique	Ekta
Bijoux	Skartgripir
Décoratif	Skreytingar
Enchères	Uppboð
Élégant	Glæsilegur
Galerie	Gallerí
Inhabituel	Óvenjulegt
Investissement	Fjárfesting
Meubles	Húsgögn
Peintures	Málverk
Pièces	Mynt
Prix	Verð
Qualité	Gæði
Restauration	Endurreisn
Sculpture	Höggmynd
Siècle	Öld
Style	Stíl
Valeur	Virði
Vieux	Gamall

Archéologie
Fornleifafræði

Analyse	Greining
Ancien	Forn
Années	Ár
Antiquité	Fornöld
Chercheur	Rannsóknir
Civilisation	Siðmenning
Descendant	Afkomandi
Expert	Sérfræðingur
Ère	Tímum
Équipe	Lið
Évaluation	Mat
Inconnu	Óþekkt
Mystère	Ráðgáta
Objets	Hluti
Os	Bein
Oublié	Gleymt
Professeur	Prófessor
Relique	Minni
Temple	Temple
Tombe	Gröf

Arts Visuels
Myndlist

Architecture	Arkitektúr
Argile	Leir
Artiste	Listamaður
Céramique	Keramik
Charbon	Kol
Chef-D'Œuvre	Meistaraverk
Chevalet	Glæsla
Cire	Vax
Composition	Samsetningu
Craie	Krít
Crayon	Blýantur
Créativité	Skráningu
Film	Kvikmynd
Peinture	Málverk
Perspective	Sjónarhorni
Pochoir	L
Portrait	Portret
Sculpture	Höggmynd
Stylo	Penni
Vernis	Lakk

Astronomie
Stjörnufræði

Astéroïde	Smástirni
Astronaute	Geimfari
Ciel	Himinn
Constellation	Stjörnumerki
Cosmos	Cosmos
Éclipse	Myrkvi
Équinoxe	Equinox
Fusée	Eldflaug
Galaxie	Galaxy
Lune	Tungl
Météore	Loftstein
Nébuleuse	Þoka
Observatoire	Observatory
Planète	Reikistjarna
Radiation	Geislun
Satellite	Gervitungl
Solaire	Sól
Terre	Jörð
Télescope	Sjónauki
Univers	Alheimur

Aventure
Ævintýri

Activité	Virkni
Beauté	Fegurð
Bravoure	Hugrekki
Chance	Líkur
Dangereux	Hættulegt
Destination	Áfangastaður
Difficulté	Vandi
Enthousiasme	Eldmóð
Excursion	Skoðunarferð
Inhabituel	Óvenjulegt
Itinéraire	Ferðaáætlun
Joie	Gleði
Nature	Náttúran
Navigation	Siglingar
Nouveau	Nýtt
Opportunité	Tækifæri
Préparation	Undirbúningur
Sécurité	Öryggi
Surprenant	Á Óvart
Voyages	Ferðast

Avions
Flugvélar

Air	Loft
Atmosphère	Stjórnmál
Atterrissage	Lending
Aventure	Ævintýri
Ballon	Blöðru
Carburant	Eldsneyti
Ciel	Himinn
Construction	Smíði
Descente	Uppruna
Direction	Stefnu
Équipage	Áhöfn
Gonfler	Blása
Hauteur	Hæð
Hélices	Skrúfur
Histoire	Saga
Hydrogène	Vetni
Moteur	Vél
Passager	Farþegi
Pilote	Flugmaður
Turbulence	Ókyrrð

Ballet
Ballett

Applaudissement	Lófaklapp
Artistique	Listrænn
Ballerine	Ballerína
Chorégraphie	Kóreógraf
Compétence	Hæfni
Compositeur	Tónskáld
Danseurs	Dansarar
Expressif	Svipmikill
Geste	Látbragð
Gracieux	Tignarlegt
Intensité	Styrkleiki
Muscles	Vöðva
Musique	Tónlist
Orchestre	Hljómsveit
Public	Áhorfendur
Répétition	Æfing
Rythme	Taktur
Solo	Sóló
Style	Stíl
Technique	Tækni

Barbecues
Grillveislur

Chaud	Heitt
Couteaux	Hnífa
Déjeuner	Hádegisverður
Dîner	Kvöldmatur
Enfants	Börn
Été	Sumar
Faim	Hungur
Famille	Fjölskylda
Fruit	Ávöxtur
Gril	Grill
Jeux	Leikir
Légumes	Grænmeti
Musique	Tónlist
Oignons	Lauk
Poivre	Pipar
Poulet	Kjúklingur
Salades	Salöt
Sauce	Sósa
Sel	Salt
Tomates	Tómatar

Bateaux
Bátar

Ancre	Akkeri
Bouée	Bau
Canoë	Kanó
Corde	Reipi
Équipage	Áhöfn
Ferry	Ferja
Fleuve	River
Kayak	Kajak
Lac	Stöðuvatn
Marée	Fjöru
Marin	Sjómaður
Mât	Mastur
Mer	Sjó
Moteur	Vél
Nautique	Sjómanna
Océan	Haf
Radeau	Fleki
Vagues	Öldur
Voilier	Seglbátur
Yacht	Snekkju

Bâtiments
Byggingar

Ambassade	Sendiráð
Appartement	Íbúð
Atelier	Verkstæði
Cabine	Klefa
Château	Kastali
Cinéma	Kvikmyndahús
École	Skóli
Garage	Bílskúr
Grange	Hlöðu
Hôpital	Sjúkrahús
Hôtel	Hótel
Musée	Safn
Observatoire	Observatory
Stade	Völlinn
Supermarché	Matvörubúð
Tente	Tjald
Théâtre	Leikhús
Tour	Turn
Université	Háskóli
Usine	Verksmiðju

Beauté
Fegurð

Boucles	Krulla
Charme	Heilla
Ciseaux	Skæri
Cosmétique	Snyrtivörur
Couleur	Litur
Élégance	Glæsileiki
Élégant	Glæsilegur
Grâce	Náð
Huiles	Olíur
Lisse	Slétt
Maquillage	Farði
Mascara	Maskara
Miroir	Spegill
Parfum	Ilmur
Peau	Húð
Photogénique	Ljósmyndin
Rouge à Lèvres	Varalitur
Services	Þjónusta
Shampooing	Sjampó
Styliste	Stílisti

Biologie
Líffræði

Anatomie	Líffærafræði
Bactéries	Bakteríur
Cellule	Fruma
Chromosome	Litning
Collagène	Kollagen
Embryon	Fræði
Enzyme	Ensím
Évolution	Þróun
Hormone	Hormón
Mammifère	Spendýr
Mutation	Stökkbreyting
Naturel	Náttúrulegt
Nerf	Taug
Neurone	Taugafruma
Osmose	Osmósu
Photosynthèse	Ljóstillífun
Protéine	Prótín
Reptile	Skriðdýr
Symbiose	Sambýli
Synapse	Synapse

Boxe
Hnefaleikar

Adversaire	Mótmælandi
Arbitre	Dómari
Blessures	Áverkar
Cloche	Bjalla
Coin	Horn
Combattant	Bardagamaður
Compétence	Hæfni
Concentrer	Fókus
Cordes	Reipi
Corps	Líkami
Coude	Olnboga
Coup	Sparka
Épuisé	Búinn
Force	Styrkur
Gants	Hanska
Menton	Höku
Poing	Hnefi
Points	Stig
Rapide	Fljótur
Récupération	Bata

Café
Kaffi

Acide	Súr
Amer	Bitur
Arôme	Ilmur
Boisson	Drykkur
Caféine	Koffín
Crème	Rjóma
Eau	Vatn
Filtre	Sía
Lait	Mjólk
Liquide	Fljótandi
Matin	Morgunn
Moudre	Mala
Noir	Svart
Origine	Uppruna
Prix	Verð
Rôti	Brennt
Saveur	Bragð
Sucre	Sykur
Tasse	Bolli
Variété	Fjölbreytni

Camping
Tjaldstæði

Animaux	Dýr
Aventure	Ævintýri
Boussole	Áttavita
Cabine	Klefa
Canoë	Kanó
Carte	Kort
Chapeau	Hattur
Chasse	Veiða
Corde	Reipi
Équipement	Búnaður
Feu	Eldur
Forêt	Skógur
Hamac	Hengirúm
Insecte	Skordýr
Lac	Stöðuvatn
Lanterne	Lukt
Lune	Tungl
Montagne	Fjall
Nature	Náttúran
Tente	Tjald

Chimie
Efnafræði

Acide	Sýra
Alcalin	Súr
Atomique	Lotukerfinu
Carbone	Kolefni
Catalyseur	Hvati
Chaleur	Hita
Chlore	Klór
Enzyme	Ensím
Électron	Rafeind
Gaz	Gas
Hydrogène	Vetni
Ion	Jón
Liquide	Fljótandi
Métaux	Málma
Molécule	Sameind
Nucléaire	Kjarnorku
Oxygène	Súrefni
Poids	Þyngd
Sel	Salt
Température	Hitastig

Chocolat
Súkkulaði

Amer	Bitur
Antioxydant	Andoxunarefni
Arôme	Ilmur
Artisanal	Handverk
Bonbon	Nammi
Cacahuètes	Hnetum
Cacao	Kakó
Calories	Hitaeiningar
Caramel	Karamella
Délicieux	Ljúffengur
Doux	Sætur
Exotique	Framandi
Favori	Uppáhalds
Goût	Bragð
Ingrédient	Efni
Noix de Coco	Kókoshneta
Poudre	Duft
Qualité	Gæði
Recette	Uppskrift
Sucre	Sykur

Conduite
Akstur

Accident	Slys
Camion	Vörubíll
Carburant	Eldsneyti
Carte	Kort
Danger	Hætta
Freins	Bremsur
Garage	Bílskúr
Gaz	Gas
Licence	Leyfi
Moteur	Mótor
Moto	Mótorhjól
Piéton	Gangandi
Police	Lögreglan
Route	Vegur
Sécurité	Öryggi
Trafic	Umferð
Transport	Samgöngur
Tunnel	Göng
Vitesse	Hraði
Voiture	Bíll

Corps Humain
Mannslíkaminn

Bouche	Munnur
Cerveau	Heili
Cheville	Ökkla
Cou	Háls
Coude	Olnboga
Cœur	Hjarta
Doigt	Fingur
Estomac	Magi
Épaule	Öxl
Genou	Hné
Lèvres	Varir
Main	Hönd
Mâchoire	Kjálka
Menton	Höku
Nez	Nef
Oreille	Eyra
Peau	Húð
Sang	Blóð
Tête	Höfuð
Visage	Andlit

Cuisine
Eldhús

Baguettes	Pinnar
Bol	Skál
Bouilloire	Ketill
Congélateur	Frysti
Couteaux	Hnífa
Cruche	Könnu
Cuillères	Skeiðar
Épices	Krydd
Éponge	Svampur
Four	Ofn
Fourchettes	Forks
Gril	Grill
Louche	Ausa
Nourriture	Matur
Pot	Krukku
Recette	Uppskrift
Réfrigérateur	Ísskápur
Serviette	Servíetta
Tablier	Svuntu
Tasses	Bolla

Diplomatie
Samningaviðræðum

Ambassade	Sendiráð
Ambassadeur	Sendiherra
Citoyens	Borgarar
Communauté	Samfélag
Conflit	Átök
Conseiller	Ráðgjafi
Coopération	Samstarf
Diplomatique	Diplomatic
Discussion	Umræða
Éthique	Siðfræði
Étranger	Erlendum
Gouvernement	Ríkisstjórn
Humanitaire	Mannræði
Intégrité	Heilindi
Justice	Réttlæti
Politique	Stjórnmál
Résolution	Ályktun
Sécurité	Öryggi
Solution	Lausn
Traité	Sáttmáli

Disciplines Scientifiques
Vísindalegum Greinum

Anatomie	Líffærafræði
Astronomie	Stjörnufræði
Biochimie	Lífefnafræði
Biologie	Líffræði
Botanique	Grasafræði
Chimie	Efnafræði
Écologie	Vistfræði
Géologie	Jarðfræði
Immunologie	Ónæmisfræði
Linguistique	Málvísindi
Mécanique	Vélfræði
Météorologie	Veðurfræði
Minéralogie	Steindafræði
Neurologie	Taugafræði
Physiologie	Lífeðlisfræði
Psychologie	Sálfræði
Robotique	Vélmenni
Sociologie	Félagsfræði
Thermodynamique	Varmafræði
Zoologie	Dýrafræði

Eau
Vatni

Canal	Síkur
Douche	Sturtu
Évaporation	Uppgufun
Fleuve	River
Gel	Frost
Geyser	Geysir
Glace	Ís
Humide	Rökum
Humidité	Raki
Inondation	Flóð
Irrigation	Áveitu
Lac	Lake
Mousson	Monsún
Neige	Snjór
Océan	Haf
Ouragan	Fellibylur
Pluie	Rigning
Potable	Drykkjarhæft
Vagues	Öldur
Vapeur	Gufu

Entreprise
Viðskipti

Argent	Peningar
Boutique	Búð
Bureau	Skrifstofa
Carrière	Feril
Coût	Kostnaður
Devise	Mynt
Employeur	Vinnuveitandi
Employé	Starfsmaður
Entreprise	Fyrirtæki
Économie	Hagfræði
Finance	Fjármál
Impôts	Skattar
Investissement	Fjárfesting
Marchandise	Varningi
Profit	Hagnaður
Revenu	Tekjur
Réduction	Afsláttur
Transaction	Viðskipti
Usine	Verksmiðju
Vente	Sölu

Échecs
Skák

Adversaire	Mótmælandi
Apprendre	Að Læra
Blanc	Hvítur
Champion	Meistari
Concours	Keppni
Défis	Áskoranir
Diagonal	Ská
Intelligent	Snjall
Jeu	Leikur
Joueur	Leikmaður
Noir	Svart
Passif	Aðgerðalaus
Points	Stig
Reine	Drottning
Règles	Reglur
Roi	Konungur
Sacrifice	Fórn
Stratégie	Stefnu
Temps	Tími
Tournoi	Mót

Électricité
Rafmagn

Aimant	Segull
Ampoule	Peru
Batterie	Rafhlaða
Câble	Kabel
Électricien	Rafvirki
Électrique	Rafmagns
Équipement	Búnaður
Fils	Vír
Générateur	Rafall
Lampe	Lampi
Laser	Leysir
Négatif	Mínus
Objets	Hluti
Positif	Jákvætt
Prise	Innstunga
Quantité	Magn
Réseau	Net
Stockage	Geymsla
Téléphone	Sími
Télévision	Sjónvarp

Énergie
Orka

Batterie	Rafhlaða
Carbone	Kolefni
Carburant	Eldsneyti
Chaleur	Hita
Diesel	Dísel
Entropie	Óreiða
Environnement	Umhverfi
Essence	Bensín
Électrique	Rafmagns
Électron	Rafeind
Hydrogène	Vetni
Industrie	Iðnaður
Moteur	Mótor
Nucléaire	Kjarnorku
Photon	Ljóseind
Pollution	Mengun
Renouvelable	Endurnýjanleg
Soleil	Sól
Turbine	Túrbína
Vent	Vindur

Épices
Krydd

Aigre	Súr
Ail	Hvítlaukur
Amer	Bitur
Anis	Anís
Cannelle	Kanil
Cardamome	Kardemommu
Coriandre	Kóríander
Cumin	Kúmen
Curry	Karrý
Fenouil	Fennel
Gingembre	Engifer
Muscade	Múskat
Oignon	Laukur
Paprika	Paprika
Poivre	Pipar
Réglisse	Lakkrís
Safran	Saffran
Saveur	Bragð
Sel	Salt
Vanille	Vanillu

Famille
Fjölskylda

Ancêtre	Forfaðir
Enfance	Barnæska
Enfant	Barn
Enfants	Börn
Femme	Eiginkona
Fille	Dóttir
Frère	Bróðir
Grand-Mère	Amma
Grand-Père	Afi
Jumeaux	Tvíburar
Mari	Eiginmaður
Maternel	Móður
Mère	Móðir
Neveu	Frændi
Oncle	Frændi
Paternel	Ingar
Petit-Enfant	Barnabarn
Père	Faðir
Soeur	Systir
Tante	Frænka

Ferme #1
Bær #1

Abeille	Bí
Agriculture	Landbúnaður
Âne	Asni
Bison	Vísundur
Champ	Engi
Chat	Köttur
Cheval	Hestur
Chèvre	Geit
Chien	Hundur
Clôture	Girðing
Corbeau	Kráka
Eau	Vatn
Engrais	Áburður
Foin	Hey
Miel	Hunang
Poulet	Kjúklingur
Riz	Hrísgrjón
Troupeau	Flokkur
Vache	Kýr
Veau	Kálfur

Ferme #2
Bær #2

Agneau	Lamb
Agriculteur	Bóndi
Animaux	Dýr
Berger	Hirðir
Blé	Hveiti
Canard	Önd
Fruit	Ávöxtur
Grange	Hlöðu
Irrigation	Áveitu
Lait	Mjólk
Lama	Lamadýr
Légume	Grænmeti
Maïs	Korn
Mouton	Kind
Nourriture	Matur
Orge	Bygg
Pré	Engi
Ruche	Býflugnabú
Tracteur	Dráttarvél
Verger	Aldingarður

Fleurs
Blóm

Bouquet	Vönd
Gardénia	Toga
Hibiscus	Hibiscus
Jasmin	Jasmine
Lavande	Lofnarblóm
Lilas	Líla
Lys	Lily
Magnolia	Magnolia
Marguerite	Daisy
Orchidée	Orchid
Passiflore	Ástríðublóm
Pavot	Poppy
Pétale	Krónublað
Pissenlit	Fífill
Pivoine	Peony
Plumeria	Plumeria
Rose	Rós
Tournesol	Sólblóm
Trèfle	Smári
Tulipe	Túlipan

Force et Gravité
Kraftur og Þyngdarafl

Axe	Ás
Centre	Miðja
Découverte	Uppgötvun
Distance	Fjarlægð
Dynamique	Kvik
Expansion	Stækkun
Élan	Skriðþunga
Friction	Núning
Impact	Áhrif
Magnétisme	Segulmagn
Mécanique	Vélfræði
Mouvement	Hreyfing
Orbite	Sporbraut
Physique	Eðlisfræði
Poids	Þyngd
Pression	Þrýstingur
Propriétés	Eignir
Temps	Tími
Universel	Alhliða
Vitesse	Hraði

Forêt Tropicale
Regnskógur

Amphibiens	Froskdýr
Botanique	Botanical
Climat	Veðurfar
Communauté	Samfélag
Diversité	Fjölbreytni
Espèce	Tegund
Indigène	Frumbyggja
Insectes	Skordýr
Jungle	Frumskógur
Mammifères	Spendýr
Mousse	Moss
Nature	Náttúran
Nuage	Ský
Oiseaux	Fuglar
Précieux	Dýrmætur
Préservation	Varðveislu
Refuge	Athvarf
Respect	Virðing
Restauration	Endurreisn
Survie	Lifun

Formes
Form

Arc	Arc
Bords	Brúnir
Carré	Ferningur
Cercle	Hring
Coin	Horn
Courbe	Ferill
Cône	Keila
Côté	Hlið
Cube	Teningur
Cylindre	Strokka
Ellipse	Sporbaug
Hyperbole	Hyperbola
Ligne	Lína
Ovale	Sporöskjulaga
Polygone	Marghyrning
Prisme	Prism
Pyramide	Pýramída
Rectangle	Rétthyrningur
Sphère	Kúla
Triangle	Þríhyrningur

Fournitures d'Art
List Vistir

Acrylique	Akrýl
Aquarelles	Vatnslitir
Argile	Leir
Brosses	Burstar
Caméra	Myndavél
Chaise	Stól
Charbon	Kol
Chevalet	Glæsla
Colle	Lím
Couleurs	Liti
Crayons	Blýantar
Créativité	Sköpun
Eau	Vatn
Encre	Blek
Gomme	Strokleður
Huile	Olía
Idées	Hugmyndir
Papier	Pappír
Pastels	Pastellitir
Table	Borð

Fruit
Ávextir

Abricot	Apríkósa
Ananas	Ananas
Avocat	Avókadó
Baie	Ber
Banane	Banani
Cerise	Kirsuber
Citron	Sítrónu
Figue	Mynd
Framboise	Hindberjum
Goyave	Guava
Kiwi	Kíví
Mangue	Mangó
Melon	Melóna
Nectarine	Nectarine
Orange	Appelsína
Papaye	Papaya
Pêche	Ferskja
Poire	Pera
Pomme	Epli
Raisin	Vínber

Géographie
Landafræði

Altitude	Hæð
Atlas	Atlas
Carte	Kort
Continent	Álfunni
Fleuve	River
Hémisphère	Jarðar
Île	Eyja
Latitude	Breidd
Mer	Sjó
Méridien	Meridian
Monde	Heimur
Montagne	Fjall
Nord	Norður
Océan	Haf
Ouest	Vestur
Pays	Land
Région	Svæði
Sud	Suður
Territoire	Yfirráðasvæði
Ville	Borg

Géologie
Jarðfræði

Acide	Sýra
Calcium	Kalsíum
Caverne	Helli
Continent	Álfunni
Corail	Kórall
Couche	Lag
Cristaux	Kristallar
Cycles	Hringrás
Érosion	Rof
Geyser	Goshver
Lave	Hraun
Minéraux	Steinefni
Pierre	Steinn
Plateau	Hálendi
Quartz	Kvars
Sel	Salt
Stalactite	Stalactite
Stalagmites	Stalagmites
Volcan	Eldfjall
Zone	Svæði

Géométrie
Rúmfræði

Angle	Horn
Calcul	Útreikning
Cercle	Hring
Courbe	Ferill
Diamètre	Þvermál
Dimension	Vídd
Équation	Jafna
Hauteur	Hæð
Logique	Rökfræði
Masse	Messi
Médian	Miðgildi
Nombre	Númer
Parallèle	Samhliða
Proportion	Hlutfall
Segment	Hluti
Surface	Yfirborð
Symétrie	Samhverfu
Théorie	Kenning
Triangle	Þríhyrningur
Vertical	Lóðrétt

Gouvernement
Ríkisstjórn

Civil	Borgaraleg
Constitution	Stjórnarskrá
Démocratie	Lýðræði
Discours	Ræðu
Discussion	Umræða
District	Umdæmi
Droits	Réttindi
Égalité	Jafnrétti
État	Ríki
Indépendance	Sjálfstæði
Judiciaire	Dóms
Justice	Réttlæti
Liberté	Frelsi
Loi	Lög
Monument	Minnismerki
Nation	Þjóð
National	Þjóðlegur
Paisible	Friðsælt
Politique	Stjórnmál
Symbole	Tákn

Herboristerie
Grasalækningar

Ail	Hvítlaukur
Aromatique	Ilmandi
Basilic	Basil
Bénéfique	Gagnleg
Culinaire	Matreiðslu
Estragon	Estragon
Fenouil	Fennel
Fleur	Blóm
Ingrédient	Efni
Jardin	Garður
Lavande	Lofnarblóm
Marjolaine	Marjoram
Menthe	Myntu
Persil	Steinselja
Qualité	Gæði
Romarin	Rósmarín
Safran	Saffran
Saveur	Bragð
Thym	Timjan
Vert	Grænt

Ingénierie
Verkfræði

Angle	Horn
Axe	Ás
Calcul	Útreikning
Construction	Smíði
Diagramme	Skýringarmynd
Diamètre	Þvermál
Diesel	Dísel
Distribution	Dreifing
Engrenages	Gír
Énergie	Orka
Force	Styrkur
Liquide	Fljótandi
Machine	Vél
Mesure	Mæling
Moteur	Mótor
Profondeur	Dýpt
Propulsion	Knýja
Rotation	Snúningur
Stabilité	Stöðugleiki
Structure	Bygging

Insectes
Skordýr

Abeille	Bí
Cafard	Kakkalakki
Cigale	Cicada
Coccinelle	Frípur
Criquet	Engisprettur
Fourmi	Maur
Frelon	Hornet
Guêpe	Geitungur
Larve	Lirva
Libellule	Dragonfly
Mante	Mantis
Moucheron	Gnat
Moustique	Fluga
Papillon	Fiðrildi
Puce	Fló
Puceron	Plöntulús
Sauterelle	Graskúla
Scarabée	Bjalla
Termite	Termite
Ver	Ormur

Instruments de Musique
Hljóðfæri

Banjo	Banjó
Basson	Fagott
Clarinette	Klarinett
Flûte	Flautu
Gong	Gong
Guitare	Gítar
Harmonica	Munnhörpu
Harpe	Harpa
Hautbois	Óbó
Mandoline	Mandólín
Marimba	Marimba
Percussion	Slagverk
Piano	Píanó
Saxophone	Saxófón
Tambour	Tromma
Tambourin	Bumbur
Trombone	Básúna
Trompette	Trompet
Violon	Fiðlu
Violoncelle	Selló

Jardin
Garðinum

Arbre	Tré
Banc	Bekkur
Buisson	Bush
Clôture	Girðing
Étang	Tjörn
Fleur	Blóm
Garage	Bílskúr
Hamac	Hengirúm
Herbe	Gras
Jardin	Garður
Mauvaises Herbes	Illgresi
Pelle	Moka
Pelouse	Grasflöt
Râteau	Hrífa
Sol	Jarðvegur
Terrasse	Verönd
Trampoline	Trampólín
Tuyau	Slönguna
Verger	Aldingarður
Vigne	Vínviður

Jardinage
Garðyrkja

Botanique	Botanical
Bouquet	Vönd
Climat	Veðurfar
Comestible	Ætur
Compost	Molta
Eau	Vatn
Espèce	Tegund
Exotique	Framandi
Feuillage	Sm
Feuille	Lauf
Fleur	Blómstra
Floral	Blóma
Graines	Fræ
Humidité	Raki
Récipient	Ílát
Saisonnier	Opin
Saleté	Óhreinindi
Sol	Jarðvegur
Tuyau	Slönguna
Verger	Aldingarður

Jazz
Djass

Album	Plötu
Artiste	Listamaður
Célèbre	Frægur
Chanson	Lag
Compositeur	Tónskáld
Composition	Samsetning
Concert	Tónleikar
Favoris	Eftirlæti
Genre	Tegund
Improvisation	Spuni
Musique	Tónlist
Nouveau	Nýtt
Orchestre	Hljómsveit
Rythme	Taktur
Solo	Sóló
Style	Stíl
Talent	Hæfileiki
Tambours	Trommur
Technique	Tækni
Vieux	Gamall

Jours et Mois
Dagar og Mánuðir

Août	Ágúst
Avril	Apríl
Calendrier	Dagatal
Dimanche	Sunnudagur
Février	Febrúar
Janvier	Janúar
Jeudi	Fimmtudagur
Juillet	Júlí
Juin	Júní
Lundi	Mánudagur
Mardi	Þriðjudagur
Mars	Mars
Mercredi	Miðvikudagur
Mois	Mánuður
Novembre	Nóvember
Octobre	Október
Samedi	Laugardagur
Semaine	Vika
Septembre	September
Vendredi	Föstudagur

L'Entreprise
Fyrirtækið

Affaires	Viðskipti
Créatif	Skapandi
Décision	Ákvörðun
Emploi	Atvinna
Global	Alþjóðlegt
Industrie	Iðnaður
Innovant	Nýjar
Investissement	Fjárfesting
Possibilité	Möguleika
Présentation	Kynning
Produit	Vöru
Professionnel	Faglegur
Progrès	Framfarir
Qualité	Gæði
Ressources	Auðlindir
Revenu	Tekjur
Réputation	Orðspor
Risques	Áhætta
Tendances	Þróun
Unités	Einingar

Les Abeilles
Býflugur

Ailes	Vængi
Bénéfique	Gagnleg
Cire	Vax
Diversité	Fjölbreytni
Essaim	Kvik
Écosystème	Vistkerfi
Fleur	Blómstra
Fleurs	Blóm
Fruit	Ávöxtur
Fumée	Reykur
Habitat	Búsvæði
Insecte	Skordýr
Jardin	Garður
Miel	Hunang
Nourriture	Matur
Plantes	Plöntur
Pollen	Frjókorn
Reine	Drottning
Ruche	Býflugnabú
Soleil	Sól

Les Médias
Fjölmiðlarnir

Attitudes	Viðhorf
Commercial	Auglýsing
Communication	Samskipti
En Ligne	Á Netinu
Édition	Útgáfa
Éducation	Menntun
Faits	Staðreyndir
Financement	Fjármögnun
Individuel	Einstaklingur
Industrie	Iðnaður
Intellectuel	Vitsmunalegum
Journaux	Dagblöð
Local	Staðbær
Numérique	Stafræn
Opinion	Álit
Photos	Myndir
Public	Opinber
Radio	Útvarp
Réseau	Net
Télévision	Sjónvarp

Légumes
Grænmeti

Ail	Hvítlaukur
Artichaut	Artihoke
Aubergine	Eggaldin
Brocoli	Spergilkál
Carotte	Gulrót
Céleri	Sellerí
Champignon	Sveppir
Citrouille	Grasker
Concombre	Gúrku
Échalote	Skalottlaukur
Épinard	Spínat
Gingembre	Engifer
Navet	Næpa
Oignon	Laukur
Olive	Ólíf
Persil	Steinselja
Pois	Pea
Radis	Ræðja
Salade	Salat
Tomate	Tómat

Littérature
Bókmenntir

Analogie	Líkingar
Analyse	Greining
Anecdote	E.
Auteur	Höfundur
Biographie	Ævisaga
Comparaison	Samanburður
Conclusion	Niðurstaða
Description	Lýsing
Dialogue	Umræðu
Fiction	Skáldskapur
Métaphore	Myndlíking
Narrateur	Sögumaður
Poème	Ljóð
Poétique	Ljóðræn
Rime	Rím
Roman	Skáldsaga
Rythme	Taktur
Style	Stíl
Thème	Þema
Tragédie	Harmleikur

Livres
Bækur

Auteur	Höfundur
Aventure	Ævintýri
Collection	Safn
Contexte	Samhengi
Dualité	Tvíeðli
Écrit	Skrifað
Épique	Epic
Histoire	Saga
Historique	Sögulegt
Humoristique	Gamansamur
Inventif	Frumleg
Lecteur	Lesandi
Littéraire	Bókmennta
Narrateur	Sögumaður
Page	Síða
Pertinent	Viðeigandi
Poésie	Ljóð
Roman	Skáldsaga
Série	Röð
Tragique	Hörmulega

Maison
Húsið

Balai	Kústur
Bibliothèque	Bókasafn
Chambre	Herbergi
Cheminée	Arinn
Clés	Lykla
Clôture	Girðing
Cuisine	Eldhús
Douche	Sturtu
Fenêtre	Gluggi
Garage	Bílskúr
Grenier	Háaloftinu
Jardin	Garður
Lampe	Lampi
Miroir	Spegill
Mur	Vegg
Plafond	Loft
Porte	Hurð
Rideaux	Gluggatjöld
Tapis	Gólfmotta
Toit	Þak

Maladie
Sjúkdómurinn

Abdominal	Kvið
Aigu	Bráð
Allergies	Ofnæmi
Bien-Être	Vellíðan
Chronique	Langvarandi
Contagieux	Smitandi
Corps	Líkami
Cœur	Hjarta
Faible	Veik
Héréditaire	Arfgengur
Immunité	Ónæmi
Inflammation	Bólga
Lombaire	Lumbar
Neuropathie	Taugakvilla
Os	Bein
Pulmonaire	Lungum
Respiratoire	Öndunarfæri
Santé	Heilsa
Syndrome	Heilkenni
Thérapie	Meðferð

Mammifères
Spendýr

Baleine	Hvalur
Chat	Köttur
Cheval	Hestur
Chien	Hundur
Coyote	Sléttuúlfur
Dauphin	Höfrungur
Éléphant	Fíl
Girafe	Gíraffi
Gorille	Górilla
Kangourou	Kengúra
Lapin	Kanína
Lion	Ljón
Loup	Úlfur
Mouton	Kind
Ours	Björn
Renard	Refur
Singe	Api
Taureau	Naut
Tigre	Tiger
Zèbre	Zebra

Mathématiques
Stærðfræði

Angles	Horn
Arithmétique	Tölur
Carré	Ferningur
Circonférence	Ummál
Décimal	Aukastaf
Diamètre	Þvermál
Exposant	Veldisvísir
Équation	Jafna
Fraction	Brot
Géométrie	Rúmfræði
Parallèle	Samhliða
Parallélogramme	Hjálíðalogram
Périmètre	Jaðar
Polygone	Marghyrning
Rayon	Radíus
Rectangle	Rétthyrningur
Somme	Summa
Symétrie	Samhverfu
Triangle	Þríhyrningur
Volume	Bindi

Mesures
Mælingar

Centimètre	Sentimetr
Degré	Gráða
Décimal	Aukastaf
Gramme	Gramm
Hauteur	Hæð
Kilogramme	Kíló
Kilomètre	Kílómetra
Largeur	Breidd
Litre	Lítri
Longueur	Lengd
Masse	Messi
Mètre	Mælir
Minute	Mínúta
Octet	Bæti
Once	Únsa
Poids	Þyngd
Pouce	Tommu
Profondeur	Dýpt
Tonne	Tonn
Volume	Bindi

Méditation
Hugleiðsla

Acceptation	Samþykki
Attention	Athygli
Calme	Logn
Clarté	Skýrleiki
Compassion	Samúð
Esprit	Huga
Émotions	Tilfinningar
Éveillé	Vakandi
Gentillesse	Góðvild
Gratitude	Þakklæti
Habitudes	Venja
Mental	Andlegt
Mouvement	Samtök
Musique	Tónlist
Nature	Náttúran
Observation	Athugun
Paix	Friður
Perspective	Sjónarhorni
Respiration	Öndun
Silence	Þögn

Météo
Veður

Arc-En-Ciel	Regnbogi
Atmosphère	Stjórnmál
Brise	Gola
Brouillard	Þóka
Calme	Róa
Ciel	Himinn
Climat	Veðurfar
Glace	Ís
Mousson	Monsún
Nuage	Ský
Ouragan	Fellibylur
Polaire	Polar
Sec	Þurrt
Sécheresse	Þurrkar
Température	Hitastig
Tempête	Stormur
Tonnerre	Þrumur
Tornade	Tornado
Tropical	Tropical
Vent	Vindur

Mode
Tíska

Abordable	Hagkvæm
Boutique	Boutique
Boutons	Hnappa
Broderie	Útsaumur
Cher	Dýr
Confortable	Þægilegt
Dentelle	Reima
Élégant	Glæsilegur
Minimaliste	Lægstur
Moderne	Nútíma
Modeste	Hógvær
Modèle	Mynstur
Original	Originlegt
Pratique	Hagnýt
Simple	Einfalt
Style	Stíl
Tendance	Stefna
Texture	Áferð
Tissu	Efni
Vêtements	Fatnað

Mythologie
Goðafræði

Archétype	Arketype
Catastrophe	Hörmung
Comportement	Hegðun
Création	Sköpun
Créature	Skepna
Croyances	Viðhorf
Culture	Menning
Éclair	Elding
Force	Styrkur
Guerrier	Stríðsmaður
Héros	Hetja
Immortalité	Ódauðleika
Jalousie	Öfund
Labyrinthe	Völundarhús
Légende	Þjóðsaga
Magique	Töfrandi
Monstre	Skrímsli
Mortel	Dauðleg
Tonnerre	Þrumur
Vengeance	Hefnd

Nature
Náttúran

Abeilles	Býflugur
Abri	Skjól
Animaux	Dýr
Arctique	Arktískur
Beauté	Fegurð
Brouillard	Þoka
Désert	Eyðimörk
Dynamique	Kvik
Érosion	Rof
Feuillage	Sm
Fleuve	River
Forêt	Skógur
Glacier	Jökull
Nuage	Ský
Paisible	Friðsælt
Sanctuaire	Helgidómur
Sauvage	Villt
Serein	Serene
Tropical	Tropical
Vital	Líflegt

Nombres
Tölur

Cinq	Fimm
Deux	Tveir
Décimal	Aukastaf
Dix	Tíu
Dix-Huit	Átján
Dix-Neuf	Nítján
Dix-Sept	Sautján
Douze	Tólf
Huit	Átta
Neuf	Níu
Quatorze	Fjórtán
Quatre	Fjórir
Quinze	Fimmtán
Seize	Sextán
Sept	Sjö
Six	Sex
Treize	Þrettán
Trois	Þrír
Vingt	Tuttugu
Zéro	Núll

Nourriture #1
Matur #1

Ail	Hvítlaukur
Basilic	Basil
Café	Kaffi
Cannelle	Kanil
Carotte	Gulrót
Citron	Sítrónu
Épinard	Spínat
Fraise	Jarðarber
Jus	Safa
Lait	Mjólk
Navet	Næpa
Oignon	Laukur
Orge	Bygg
Poire	Pera
Salade	Salat
Sel	Salt
Soupe	Súpa
Sucre	Sykur
Thon	Túnfiskur
Viande	Kjöt

Nourriture #2
Matur #2

Amande	Mönlu
Aubergine	Eggaldin
Banane	Banani
Blé	Hveiti
Brocoli	Spergilkál
Cerise	Kirsuber
Céleri	Sellerí
Champignon	Sveppir
Chocolat	Súkkulaði
Jambon	Skinka
Kiwi	Kíví
Mangue	Mangó
Oeuf	Egg
Pain	Brauð
Poisson	Fiskur
Pomme	Epli
Poulet	Kjúklingur
Raisin	Vínber
Riz	Hrísgrjón
Tomate	Tómat

Nutrition
Næringu

Amer	Bitur
Appétit	Matarlyst
Calories	Hitaeiningar
Comestible	Ætur
Diète	Mataræði
Digestion	Melting
Épices	Krydd
Équilibré	Rólegur
Fermentation	Gerjun
Glucides	Kolvetni
Liquides	Vökva
Poids	Þyngd
Protéines	Prótein
Qualité	Gæði
Sain	Heilbrigður
Santé	Heilsa
Sauce	Sósa
Saveur	Bragð
Toxine	Eiturefni
Vitamine	Vítamín

Océan
Haf

Algue	Þang
Anguille	Áll
Baleine	Hvalur
Bateau	Bátur
Corail	Kórall
Crabe	Krabbi
Crevette	Rækja
Dauphin	Höfrungur
Éponge	Svampur
Huître	Ostra
Méduse	Marglytta
Poisson	Fiskur
Poulpe	Kolkrabbi
Requin	Hákarl
Récif	Rif
Sel	Salt
Tempête	Stormur
Thon	Túnfiskur
Tortue	Skjaldbaka
Vagues	Öldur

Oiseaux
Fuglar

Aigle	Örn
Autruche	Strútur
Canard	Önd
Cigogne	Storkur
Colombe	Dúfa
Corbeau	Kráka
Coucou	Gaukur
Cygne	Svanur
Flamant	Flamingo
Héron	Heron
Manchot	Mörgæs
Moineau	Sparrow
Mouette	Máfur
Oeuf	Egg
Oie	Gæs
Paon	Peacock
Perroquet	Páfagaukur
Pélican	Pelican
Poulet	Kjúklingur
Toucan	Toucan

Pays #1
Löndum #1

Afghanistan	Afganistan
Allemagne	Þýskaland
Argentine	Argentína
Brésil	Brasilía
Canada	Kanada
Espagne	Spánn
Équateur	Ekvador
Finlande	Finnland
Inde	Indland
Israël	Ísrael
Italie	Ítalía
Libye	Líbýa
Mali	Malí
Maroc	Marokkó
Nicaragua	Níkaragva
Norvège	Noregur
Panama	Panama
Pologne	Pólland
Roumanie	Rúmenía
Venezuela	Venesúela

Pays #2
Löndum #2

Albanie	Albanía
Chine	Kína
Danemark	Danmörk
France	Frakkland
Haïti	Haítí
Indonésie	Indónesía
Irlande	Írland
Jamaïque	Jamaíka
Japon	Japan
Kenya	Kenía
Laos	Laos
Liban	Líbanon
Mexique	Mexíkó
Ouganda	Úganda
Pakistan	Pakistan
Russie	Rússland
Somalie	Sómalía
Soudan	Súdan
Syrie	Sýrland
Ukraine	Úkraína

Paysages
Landslag

Cascade	Foss
Colline	Hæð
Désert	Eyðimörk
Estuaire	Árós
Fleuve	River
Geyser	Goshver
Glacier	Jökull
Grotte	Helli
Iceberg	Ísberg
Île	Eyja
Lac	Stöðuvatn
Marais	Mýri
Mer	Sjó
Montagne	Fjall
Oasis	Vin
Péninsule	Skagi
Plage	Fjara
Toundra	Tundra
Vallée	Dalur
Volcan	Eldfjall

Photographie
Ljósmyndun

Adoucir	Mýkja
Cadre	Rammi
Caméra	Myndavél
Composition	Samsetning
Contraste	Andstæða
Couleur	Litur
Définition	Skilgreining
Exposition	Sýning
Éclairage	Lýsing
Format	Snið
Noir	Svart
Objet	Mótmæla
Obscurité	Myrkur
Ombre	Skuggar
Perspective	Sjónarhorni
Portrait	Andlitsmynd
Sujet	Efni
Texture	Áferð
Visuel	Sjónræn
Vue	Útsýni

Physique
Eðlisfræði

Accélération	Hröðun
Atome	Atóm
Chaos	Roða
Chimique	Efni
Densité	Þéttleiki
Électron	Rafeind
Formule	Formúla
Fréquence	Tíðni
Gaz	Gas
Gravité	Þyngdarafl
Magnétisme	Segulmagn
Masse	Messi
Mécanique	Vélfræði
Molécule	Sameind
Moteur	Vél
Nucléaire	Kjarnorku
Particule	Ögn
Relativité	Afstæði
Universel	Alhliða
Vitesse	Hraði

Plantes
Plöntur

Arbre	Tré
Baie	Ber
Bambou	Bambus
Botanique	Grasafræði
Buisson	Bush
Cactus	Kaktus
Engrais	Áburður
Feuillage	Sm
Fleur	Blóm
Flore	Flora
Forêt	Skógur
Grandir	Vaxa
Haricot	Baun
Herbe	Gras
Jardin	Garður
Lierre	Ivy
Mousse	Moss
Pétale	Krónublað
Racine	Rót
Végétation	Gróður

Professions #1
Störfum #1

Ambassadeur	Sendiherra
Artiste	Listamaður
Athlète	Íþróttamaður
Avocat	Lögmaður
Banquier	Bankastjóri
Bijoutier	Skartgripir
Chasseur	Veiðimaður
Comptable	Endurskoðandi
Danseur	Dansari
Entraîneur	Þjálfari
Éditeur	Ritstjóri
Géologue	Jarðfræðingur
Marin	Sjómaður
Mécanicien	Vélvirki
Médecin	Læknir
Pianiste	Píanóleikari
Psychologue	Sálfræðingur
Scientifique	Vísindamaður
Tailleur	Klæðskeri
Vétérinaire	Dýralæknir

Professions #2
Störfum #2

Agriculteur	Bóndi
Astronaute	Geimfari
Biologiste	Líffræðingur
Chercheur	Rannsóknir
Chirurgien	Skurðlæknir
Dentiste	Tannlækni
Détective	Einkaspæjara
Enquêteur	Rannsakanda
Enseignant	Kennari
Éditeur	Útgefandi
Illustrateur	Teiknari
Ingénieur	Verkfræðingur
Journaliste	Blaðamaður
Médecin	Lækni
Peintre	Málari
Philosophe	Heimspekingur
Photographe	Ljósmyndari
Pilote	Flugmaður
Professeur	Prófessor
Zoologiste	Dýrafræðingur

Randonnée
Gönguferðir

Animaux	Dýr
Bottes	Stígvél
Camping	Útjæða
Carte	Kort
Climat	Veðurfar
Eau	Vatn
Falaise	Bjarg
Fatigué	Þreyttur
Guides	Leiðsögumenn
Lourd	Þungt
Météo	Veður
Montagne	Fjall
Nature	Náttúran
Orientation	Stefnumörkun
Parcs	Garður
Pierres	Steinar
Préparation	Undirbúningur
Sauvage	Villt
Soleil	Sól
Sommet	Fundinum

Restaurant #2
Veitingastaður #2

Boisson	Drykkur
Chaise	Stóll
Cuillère	Skeið
Déjeuner	Hádegisverður
Délicieux	Ljúffengur
Dîner	Kvöldmatur
Eau	Vatn
Épices	Krydd
Fourchette	Gaffal
Fruit	Ávöxtur
Gâteau	Kaka
Glace	Ís
Légumes	Grænmeti
Nouilles	Núðlur
Oeuf	Egg
Poisson	Fiskur
Salade	Salat
Sel	Salt
Serveur	Þjónn
Soupe	Súpa

Réchauffement Climatique
Hnattræn Hlýnun

Arctique	Arktískur
Attention	Athygli
Climat	Veðurfar
Crise	Kreppa
Développement	Þróun
Données	Gögn
Environnemental	Umhverfis
Énergie	Orka
Futur	Framtíð
Gaz	Gas
Générations	Kynslóðir
Gouvernement	Ríkisstjórn
Habitats	Búsvæði
Industrie	Iðnaður
International	Alþjóðleg
Législation	Löggjöf
Maintenant	Núna
Populations	Íbúa
Scientifique	Vísindamaður
Températures	Hitastig

Santé et Bien-Être #1
Heilsufar og Vellíðan #1

Actif	Virkur
Bactéries	Bakteríur
Blessure	Meiðslum
Faim	Hungur
Fracture	Beinbrot
Habitude	Venja
Hauteur	Hæð
Hormone	Hormón
Médecin	Læknir
Médicament	Lyf
Muscles	Vöðva
Nerfs	Taugar
Os	Bein
Peau	Húð
Pharmacie	Apótek
Relaxation	Slökun
Réflexe	Viðbragð
Suppléments	Fæðubótarefni
Traitement	Meðferð
Virus	Veira

Santé et Bien-Être #2
Heilsufar og Vellíðan #2

Allergie	Ofnæmi
Anatomie	Líffærafræði
Appétit	Matarlyst
Calorie	Kaloría
Corps	Líkami
Déshydratation	Ofþornun
Énergie	Orka
Génétique	Erfðafræði
Hôpital	Sjúkrahús
Hygiène	Hreinlæti
Infection	Smitun
Maladie	Sjúkdómur
Massage	Nudd
Nutrition	Næring
Poids	Þyngd
Récupération	Bata
Sain	Heilbrigður
Sang	Blóð
Stress	Streitu
Vitamine	Vítamín

Science-Fiction
Vísindaskáldskapur

Atomique	Lotukerfinu
Cinéma	Kvikmyndahús
Dystopie	Dystópía
Explosion	Sprenging
Extrême	Extreme
Fantastique	Frábær
Feu	Eldur
Galaxie	Galaxy
Illusion	Blekking
Imaginaire	Ímyndað
Livres	Bækur
Monde	Heimur
Mystérieux	Dularfullur
Oracle	Véfrétt
Planète	Reikistjarna
Réaliste	Raunhæft
Robots	Vélmenni
Scénario	Atburðarás
Technologie	Tækni
Utopie	Útópía

Sport
Íþrótt

Athlète	Íþróttamaður
Capacité	Getu
Cardiovasculaire	Hjarta
Corps	Líkami
Cyclisme	Hjóla
Danse	Dansa
Diète	Mataræði
Endurance	Þrek
Entraîneur	Þjálfari
Force	Styrkur
Jogging	Skokk
Maximiser	Hámarka
Métabolique	Efnaskipti
Muscles	Vöðva
Nutrition	Næring
Objectif	Markmið
Os	Bein
Programme	Forrit
Santé	Heilsa
Sports	Íþróttir

Temps
Tíminn

Année	Ár
Annuel	Árlega
Après	Eftir
Avant	Áður
Bientôt	Bráðum
Calendrier	Dagatal
Décennie	Áratugur
Futur	Framtíð
Heure	Klukkustund
Hier	Í Gær
Horloge	Klukka
Jour	Dagur
Maintenant	Núna
Matin	Morgunn
Midi	Hádegi
Minute	Mínúta
Mois	Mánuður
Nuit	Nótt
Semaine	Vika
Siècle	Öld

Types de Cheveux
Hárið Tegundir

Argent	Silfur
Blanc	Hvítur
Blond	Ljóshærður
Boucles	Krulla
Brillant	Glansandi
Chauve	Sköllóttur
Coloré	Litað
Court	Stutt
Doux	Mjúkur
Épais	Þykkur
Frisé	Hrokkið
Gris	Grár
Long	Langt
Marron	Brúnt
Mince	Þunnur
Noir	Svart
Sain	Heilbrigður
Sec	Þurr
Tresses	Fléttur
Tressé	Fléttum

Univers
Alheimurinn

Astéroïde	Smástirni
Astronomie	Stjörnufræði
Atmosphère	Stjórnmál
Céleste	Himneti
Ciel	Himinn
Cosmique	Cosmic
Équateur	Miðbaugur
Galaxie	Galaxy
Hémisphère	Jarðar
Inclinaison	Halla
Latitude	Breidd
Longitude	Lengdargráðu
Lune	Tungl
Obscurité	Myrkur
Orbite	Sporbraut
Solaire	Sól
Solstice	Sólstöður
Télescope	Sjónauki
Visible	Sýnlegt
Zodiaque	Dýrir

Vertus #1
Dyggðir #1

Artistique	Listrænn
Bon	Góður
Charmant	Heillandi
Confiant	Öruggur
Curieux	Forvitinn
Décisif	Afgerandi
Drôle	Fyndið
Efficace	Skilvirkur
Fiable	Árauðast
Généreux	Örlátur
Imaginatif	Hugmyndaríkur
Indépendant	Óháður
Intelligent	Greindur
Modeste	Hógvær
Passionné	Ástríðufullur
Patient	Sjúklingur
Pratique	Hagnýt
Propre	Hreint
Sage	Vitur
Utile	Hjálpsamur

Véhicules
Ökutæki

Ambulance	Sjúkrabíll
Avion	Flugvél
Bateau	Bátur
Bus	Rútu
Camion	Vörubíll
Caravane	Hjólhýsi
Ferry	Ferja
Fusée	Eldflaug
Hélicoptère	Þyrla
Moteur	Mótor
Navette	Skutla
Pneus	Dekk
Radeau	Fleki
Scooter	Vespu
Sous-Marin	Kafbátur
Taxi	Taxi
Tracteur	Dráttarvél
Train	Lest
Vélo	Reiðhjól
Voiture	Bíll

Vêtements
Fötin

Bracelet	Armband
Ceinture	Belti
Chapeau	Hattur
Chaussure	Skór
Chemise	Skyrta
Chemisier	Blússa
Collier	Hálsmen
Foulard	Trefil
Gants	Hanska
Jeans	Gallabuxur
Jupe	Pils
Manteau	Kápu
Mode	Tíska
Pantalon	Buxur
Pull	Peysa
Pyjama	Náttföt
Robe	Kjóll
Sandales	Skó
Tablier	Svuntu
Veste	Jakki

Ville
Bærinn

Aéroport	Flugvöllur
Banque	Banki
Bibliothèque	Bókasafn
Boulangerie	Bakarí
Café	Kaffihús
Cinéma	Kvikmyndahús
École	Skóli
Fleuriste	Blómabúð
Galerie	Gallerí
Hôtel	Hótel
Librairie	Bókabúð
Marché	Markaður
Musée	Safn
Pharmacie	Apótek
Salon	Snyrtistofa
Stade	Völlinn
Supermarché	Matvörubúð
Théâtre	Leikhús
Université	Háskóli
Zoo	Dýragarður

Félicitations

Vous avez réussi !

Nous espérons que vous avez apprécié ce livre autant que nous avons pris plaisir à le concevoir. Nous faisons de notre mieux pour créer des livres de la meilleure qualité possible.
Cette édition est conçue pour permettre un apprentissage intelligent et de qualité en se divertissant !

Vous avez aimé ce livre ?

Une Simple Demande

Nos livres existent grâce aux avis que vous publiez. Pourriez-vous nous aider en laissant un avis maintenant ?

Voici un lien rapide qui vous mènera à votre
page d'évaluation de vos commandes :

BestBooksActivity.com/Avis50

CHALLENGE FINAL !

Défi n°1

Êtes-vous prêt pour votre jeu bonus ? Nous les utilisons tout le temps mais ils ne sont pas si faciles à trouver. Voici les **Synonymes** !

Notez 5 mots que vous avez trouvés dans les puzzles notés ci-dessous (n°21, n°36, n°76) et essayez de trouver 2 synonymes pour chaque mot.

*Notez 5 Mots du **Puzzle 21***

Mots	Synonyme 1	Synonyme 2

*Notez 5 Mots du **Puzzle 36***

Mots	Synonyme 1	Synonyme 2

*Notez 5 Mots du **Puzzle 76***

Mots	Synonyme 1	Synonyme 2

Défi n°2

Maintenant que vous vous êtes échauffé, notez 5 mots que vous avez découverts dans les Puzzles n° 9, n° 17, n° 25 et essayez de trouver 2 antonymes pour chaque mot. Combien pouvez-vous en trouver en 20 minutes ?

Notez 5 Mots du **Puzzle 9**

Mots	Antonyme 1	Antonyme 2

Notez 5 Mots du **Puzzle 17**

Mots	Antonyme 1	Antonyme 2

Notez 5 Mots du **Puzzle 25**

Mots	Antonyme 1	Antonyme 2

Défi n°3

Formidable ! Ce défi final n'est rien pour vous.

Prêt pour le dernier défi ? Choisissez 10 mots que vous avez découverts parmi les différents puzzles et notez-les ci-dessous.

1.	6.
2.	7.
3.	8.
4.	9.
5.	10.

Maintenant, composez un texte en pensant à une personne, un animal ou un lieu que vous aimez !

Astuce: Vous pouvez utiliser la dernière page de ce livre comme brouillon !

Votre Composition :

CARNET DE NOTES :

À TRÈS BIENTÔT !

Toute l'équipe

DECOUVREZ DES JEUX GRATUITS

GO

BESTACTIVITYBOOKS.COM/FREEGAMES

www.ingramcontent.com/pod-product-compliance
Lightning Source LLC
Chambersburg PA
CBHW082012140626
46553CB00021B/2969